ELOGIOS PARA

## Haz que tu dinero cuente

El reino de Dios pretende que el Dios del reino invada todo aspecto de su mundo. En *Haz que tu dinero cuente*, el doctor Kenneth C. Ulmer le instruirá como también ilustrará con respecto a la manera de convertir sus sueños financieros en su destino efectivo. Cuando termina este libro contemplará sus bienes desde la perspectiva de Dios, y la prosperidad tendrá un propósito transformador para su vida.

**Rev. Sunday Adelaja**
Pastor principal y fundador
Embajada de Dios
Kiev, Ucrania

Se afirma que entre todas las parábolas de la Biblia, dos tercios se refieren al tema del dinero. Todos luchamos con la cuestión de ser buenos mayordomos de nuestros recursos. ¡Qué bendición que el obispo Kenneth Ulmer ha escrito una guía práctica sobre el tema basada en la palabra de Dios! ¡Muchas gracias, Obispo!

**Angela Bassett y Courtney B. Vance**
Actriz/ Actor

En *Haz que tu dinero cuente*, el doctor Kenneth Ulmer articula con claridad la sana verdad bíblica sobre el tema del dinero. Me maravillo al contemplar con cuánta frecuencia el tema del dinero se interpreta mal y se tuerce; en cambio, el doctor Ulmer nos conduce de nuevo a considerar lo que la Biblia dice en verdad sobre el dinero y cómo debemos usar lo que tenemos. El doctor Ulmer es un gran predicador, maestro, hombre de Dios y también un gran amigo personal. ¡Recoja este libro y prepárese para ser transformado!

**John Bevere**
Autor y orador
Cofundador, Messenger International [Mensajero internacional]
Colorado Springs/ Australia/ Reino Unido

El doctor Ulmer es uno de los líderes cristianos más estratégicos de la nación. Al ayudar a las personas a entender los principios de Dios para la vida, su efecto es enriquecedor y, a la vez, bíblico. Es difícil sobreestimar el impacto que hace el doctor Ulmer en decenas de miles de cristianos cada semana. Es un hombre que en verdad tiene una pasión encendida por Cristo y desea ayudar a otros a crecer en él.

## Mark Brewer
Pastor principal, Iglesia Presbiteriana Bel Air
Los Ángeles, California

*Haz que tu dinero cuente* tiene que ver con santidad, obediencia, confianza, madurez y sabiduría bíblica. El doctor Kenneth C. Ulmer ha reunido evidencias de las Escrituras y ha analizado el texto como también el contexto. En este libro le conducirá a una comprensión de la forma en que Dios ve todas las cosas en relación con usted. Lea y crezca en todo lo que Dios se ha propuesto para usted.

## Dr Samuel R. Chand
Consultor de desarrollo del liderazgo

La ley más grande del universo de Dios tiene que ver con sembrar y cosechar, especialmente en relación con el dinero. En *Haz que tu dinero cuente*, el doctor Kenneth C. Ulmer nos enseña con claridad cómo invertir en vez de gastar y cómo comprender lo que representa el dinero en nuestra vida en lugar de lo que el dinero puede lograr. Si en verdad quiere realizar el destino de Dios en los años por venir, este recurso invalorable es lectura imprescindible.

## Dr James O. Davis
Cofundador, Red global de pastores
Embajador de la Iniciativa de mil millones de almas
Orlando, Florida

Ken Ulmer es un amigo de confianza, y *Haz que tu dinero cuente* se ha escrito como testimonio de su vida y su práctica. Como uno que con profundidad ama y sirve al Señor, Ken escribe con autoridad y pasión. Usted será animado, desafiado y bendecido al aplicar las enseñanzas sencillas, aunque a menudo ignoradas y mal interpretadas, que se hallan en este libro.

## Max Ellzey
Presidente, Grupo C12
Los Ángeles, California

¡No haga el error de presumir que este libro será sermoneador e impracticable! Kenneth Ulmer tiene una percepción aguda de lo que hace falta para hacer que su dinero cuente. Hágase amigo de este libro si quiere ordenar sus recursos con éxito.

## Teresa Hairston
Editor y CEO de la revista *Gospel Today* [El evangelio hoy]

En *Haz que tu dinero cuente* se nos entrega un recurso sólido de parte de un líder que nos provee un paquete completo: un libro escrito por un pastor sabio, un maestro equilibrado, un estudioso meticuloso, un predicador bíblico y un hombre apasionado y santo. Me da un placer especial encomendar esta herramienta balanceada, perceptiva y práctica que aclara un tema que con demasiada frecuencia se ha retorcido por una exposición pobre o con exageraciones. ¡Uno tiene que sentir felicidad cuando el tema de la mayordomía de las finanzas se trata tan bien y de modo tan atractivo!

## Jack W. Hayford
Presidente, Iglesias Foursquare (Cuadrangular) Internacional
Canciller, The King's College and Seminary (Colegio y seminario del rey)
Pastor fundador, Church on the Way [Iglesia en el camino]

*Haz que tu dinero cuente* es una expresión *rhema* para el cuerpo de Cristo. El obispo Kenneth Ulmer responde a la pregunta de los críticos: ¿Quiere Dios que seamos ricos?, con verdades elementales y sólidas que se hallan en toda la Biblia. Este libro es asombroso y sin duda enseñará y capacitará a los hijos de Dios como también a los críticos.

## Obispo Eddie L. Long
New Birth Baptist Church [Iglesia bautista nuevo nacimiento]
Atlanta, Georgia

En *Haz que tu dinero cuente*, el doctor Ken Ulmer logra su objetivo con excelencia. Penetra la confusión, los males entendidos y la mala información para luego explicar las Escrituras con claridad y precisión. ¡Satanás no quiere que usted lea este libro, porque el infierno será devastado, el cielo poblado y usted será bendecido para poder ser de bendición a otros!

## Robert Morris
Pastor principal, Gateway Church (Iglesia portal)
Autor del éxito de librería, *The Blessed Life* [La vida bendecida]

El obispo Kenneth Ulmer es uno de los grandes líderes espirituales en verdad de nuestro tiempo. En este libro poderoso y penetrante, el obispo Ulmer explora las profundidades del significado bíblico de la prosperidad. Confronta la enseñanza falsa, tanto de la presunción del derecho divino como de la predisposición en contra de la prosperidad, que se halla en la cristiandad contemporánea. Aquí tenemos un libro que es una marca de referencia por un predicador erudito y dinámico que inspira e instruye.

## Dr Lloyd John Ogilvie
Capellán retirado, El Senado de los Estados Unidos de América

«El Señor aborrece las balanzas adulteradas, pero aprueba las pesas exactas» (Proverbios 11:1). En las Escrituras, hay solo 500 versículos sobre la oración pero más de 2.000 sobre la abundancia, el dinero y la prosperidad. En *Haz que tu dinero cuente*, el doctor Ulmer desvela con maestría la senda divina a la abundancia de bienes desde la perspectiva de Dios. Esto es lectura esencial para todos los que toman en serio el asunto de honrar a Dios con sus bienes.

## Dr Robb Thompson
Presidente y CEO, Excellent Funding [Financiamiento con excelencia]

# Dr. Kenneth C. Ulmer

Prólogo por Dr. Robert H. Schuller

## Haz que tu Dinero cuente

Porqué lo tenemos y cómo manejarlo

*La misión de Editorial Vida es ser la compañía líder en comunicación cristiana que satisfaga las necesidades de las personas, con recursos cuyo contenido glorifique a Jesucristo y promueva principios bíblicos.*

**HAZ QUE TU DINERO CUENTE**
Edición en español publicada por
Editorial Vida – 2009
Miami, Florida

**©2009 por Editorial Vida**

Publicado en inglés con el título:
    **Making your Money Count**
    Copyright © 2007 por Dr. Kenneth C. Ulmer
por Regal Books, Gospel Light, Ventura, California, U.S.A.

Traducción: *Guido Micozzi*
Edición: *Orville Swindoll*
Diseño interior: *Words for the World, Inc.*
Diseño de cubierta: *Cathy Spee*

RESERVADOS TODOS LOS DERECHOS. A MENOS QUE SE INDIQUE LO CONTRARIO, EL TEXTO BÍBLICO SE TOMÓ DE LA SANTA BIBLIA NUEVA VERSIÓN INTERNACIONAL. © 1999 POR LA SOCIEDAD BÍBLICA INTERNACIONAL.

ISBN: 978-0-8297-5473-5

CATEGORÍA: Vida cristiana / Mayordomía y donativos

IMPRESO EN ESTADOS UNIDOS DE AMÉRICA
PRINTED IN THE UNITED STATES OF AMERICA

09 10 11 12 ❖ 6 5 4 3 2 1

# Dedicatoria

Este libro está dedicado a quien ha sido mi esposa por más de treinta años, Togetta S. Ulmer. Togetta es la niña de mis ojos, el latido de mi corazón y el viento debajo de mis alas. Todo lo que soy en lo natural es porque el Señor me ha amado por medio de esta gran mujer de Dios. Togetta y yo hemos aprendido muchas lecciones sobre el manejo malo como el correcto, la manera debida e indebida de administrar el dinero. Ninguno de los dos proviene de la opulencia, pero siempre hemos conocido al Señor como *Jehová Yire*, el Señor que provee. Cuando he luchado con el ego y la economía al ser esposo y sacerdote de mi familia, el estímulo y fidelidad de mi esposa fueron los pilares de fortaleza que me sostuvieron en tales momentos de inseguridad. Cuando no pude pagar nuestro alquiler en el pequeño apartamento que llamamos nuestro primer hogar, nunca vaciló en su fe en Dios ni en mí. Juntos somos testigos vivientes de que Dios es fiel para hacer mucho más abundantemente de lo que pudiéramos pedir o imaginar, si le seguimos o confiamos en él en todos sus caminos.

Dedico este libro a mis nietos: Kamryn, Ayari, Raegan, Bailey ¡y al que aún no hemos dado nombre! A través de ustedes, preciosas criaturas, ¡«nací de nuevo» por segunda vez! Ustedes me motivaron a cumplir la exhortación bíblica que «el hombre de bien deja herencia a sus nietos» (Proverbios 13:22). Ruego que la vida de papá pueda inspirarles con un legado de siembra en las vidas de otros. Nunca olviden: ustedes son bendecidos para que puedan ser bendición.

Dedico este libro a mis hijos, RoShaun, Keniya, Kendan y Jessica, que me han compartido con muchos otros. Ustedes son mis amados hijo e hijas en quienes me deleito.

Y dedico este libro a mi madre, Ruth Naomi Ulmer, cuya vida ha sido la de alguien que hizo valer el dinero. Ella lleva una vida bien vivida, no estando ya en condiciones de recordar el sacrificio de las considerables inversiones que hizo en la mía. Estoy eternamente agradecido a su modelo de administración del dinero. Cada vez que crucé un escenario para recibir un título, recordé con lágrimas en mis ojos la invalorable inversión que hizo en las vidas de sus hijos. He dormido en habitaciones de hoteles en todo el mundo, recordando como ella limpió baños y cambió las camas de gente próspera que traficaba en círculos que ella nunca conoció, pero en los cuales he caminado como su representante indirecto. He ido donde ella no pudo, por su habilidad para usar el dinero como una herramienta para invertir en mi vida y en las vidas de otros. ¡Su capacidad para estirar un dólar —con clase y elegancia— a menudo me hizo preguntar si poseía poderes milagrosos!

Este libro está dedicado a las docenas de jóvenes, hombres y mujeres, que fueron bendecidos por la generosidad de mi madre. Este libro es un tributo a las horas que ella pasó limpiando las casas de otras personas mientras transformaba la suya en un hogar que honrara a Dios. Que pueda su inversión en mí, extenderse a una inversión en usted al leer este libro.

# Contenido

Prefacio .................................................. 11
Dr. Robert H. Schuller

Introducción ............................................. 13
La elección es suya

## Sección I: El llamado del reino

Capítulo 1 ............................................... 21
Prosperidad: Las verdades elementales

Capítulo 2 ............................................... 35
El mensaje de las minas

Capítulo 3 ............................................... 47
La fuente de toda riqueza

Capítulo 4 ............................................... 51
El corazón de Dios: Bendecir a sus hijos

Capítulo 5 ............................................... 63
El propósito del dinero

Capítulo 6 ............................................... 71
¿Qué acerca del diezmo?

## Sección II: La tarea de deshacer lo que se ha hecho

Capítulo 7 ............................................... 95
Recuperemos el proceso hacia la prosperidad

Capítulo 8 ............................................... 101
La pobreza no es una virtud

Capítulo 9 ............................................... 107
Esclavitud o libertad: Los siete indicadores

## Sección III: Economía 101

Capítulo 10 .................................................... 117
*Los tres propósitos del dinero*

Capítulo 11 .................................................... 125
*Principios básicos del sistema monetario*

Capítulo 12 .................................................... 131
*Pago anticipado a plazos en el reino*

Capítulo 13 .................................................... 135
*Siete claves para hacer que tu dinero cuente*

## Sección IV: Avancemos

Capítulo 14 .................................................... 153
*¡Sueñe a lo grande!*

Capítulo 15 .................................................... 160
*Espere un retorno*

Capítulo 16 .................................................... 165
*La lección de Lidia*

Capítulo 17 .................................................... 171
*La diferencia entre negocio y profesión*

Capítulo 18 .................................................... 175
*Una generación en el filo*

Capítulo 19 .................................................... 181
*Así que… ¿Cuánto?*

Conclusión .................................................... 187
*¡Haz que tu dinero cuente!*

Reconocimientos .................................................... 190

Acerca del autor .................................................... 191

# Prefacio

En una era obsesionada con el dinero, *Haz que tu dinero cuente* eleva el concepto por encima de la actitud común de la cultura: el rico se hace más rico y el pobre desea hacerse rico para ponerse a la altura del rico. Aquí, para resolver este frustrante dilema, llega un libro maravilloso que es la más positiva colección de principios de cómo levantar a las personas de la degradante pobreza a una prosperidad que genere autoestima por un proceso específico que revela la perspectiva de Dios en lo que concierne a nuestras finanzas.

La pobreza en una tierra de abundancia se muestra como una cruda realidad de vida al lado de la pobreza de gobiernos oprimidos y económicamente deprimidos. Este trabajo sugiere que la mayor carencia es la falta de entendimiento del propósito del dinero. Usted será desafiado a mirar más allá del proceso de acumulación de riqueza al propósito de adquisición de riqueza.

Los gurúes financieros, vendedores ambulantes nocturnos de paquetes de planes para hacerse rico e iconos del éxito financiero parecen enfocar la atención del observador en rápidas estrategias para «obtener todo lo que pueda y conservar todo lo que obtenga». La cultura de hoy está caracterizada por cierto nivel de insensibilidad a las necesidades de los demás que es empequeñecida por una obsesión narcisista con uno mismo. Es dentro de este contexto cultural del «yo mismo» que será desafiado a repensar su filosofía personal del dinero. Será animado a mirar más allá de la pobreza a la provisión y luego a encontrar el propósito.

Si usted trata con dinero —sea rico, pobre o algo intermedio— este libro es para usted. Si usted desea aprender cómo aliviar sus luchas monetarias, abrir su vida a los beneficios de las bendiciones financieras de Dios y ayudar a otros que pueden estar luchando con sus finanzas, este libro le muestra el camino. Los principios y la perspectiva bíblica que contiene son correctos.

El Dr. Kenneth Ulmer es uno de un selecto grupo de pastores amigos de quienes recibo gran inspiración. ¡Animo a cualquiera que desea conocer el proceso de Dios para sacar a las personas de la pobreza y llevarlas a la productividad financiera y sabio manejo del dinero a que lean este libro! Contiene una nueva forma de pensar con un fundamento psicológico y bíblico que aplaudo.

Dr. Robert Schuller
Crystal Cathedral
Garden Grove, California

Introducción

# La elección es suya

*Así dice el Señor: «Elige una de estas tres cosas».*
1 Crónicas 21:11

Albert Einstein una vez dijo, «Estoy convencido de que Dios no juega a los dados». Einstein estaba en lo cierto. Dios no tiene que jugar al azar; él conoce desde el inicio hasta el fin. Pero esto no quiere decir que nunca se ha arriesgado. En realidad, uno de los mayores riesgos que Dios tomó cuando creó a los humanos fue darnos la capacidad de elegir. Fue un riesgo porque él puso totalmente en nuestras manos la elección de creer o no creer en él. La elección de tratar a nuestros compañeros humanos amablemente o no. La elección de seguir sus caminos o no. La elección de confiar en él y obedecerle o no.

Nos dio la capacidad de elegir porque no deseaba pequeños robots corriendo alrededor programados para adorarle. Él deseaba verdadero compañerismo con su creación, compañerismo real, no forzado.

Si hay una cantidad de diferentes elecciones que hacer ante una situación dada, entonces esto parecería indicar que hay una gran variedad de posibles resultados, dependiendo de la elección que hagamos. Si estamos eligiendo a ciegas, sin una guía sabia o un proceso comprobado a seguir, disminuimos nuestras posibilidades de tomar la decisión correcta. Aún así, elegimos.

Giovanni Pico della Mirandola, un filósofo italiano del Renacimiento, escribió en *Discurso sobre la Dignidad del Hombre*: «Tú tendrás el poder para degenerar en las formas más bajas de vida, que son brutales. Tú tendrás el poder, según el juicio de tu alma, de ser renacido en las formas más altas, que son divinas».[1] Ese poder, esa elección, es un don de Dios. Todo comienza con elegir, y él nos vigila en todo momento, observando cada decisión que tomamos.

A causa de que nos ama tanto, Dios desea asistirnos al hacer elecciones que nos den toda posible oportunidad para experimentar solo la mejor, su mejor: la más pacífica, la más productiva, los más positivos resultados que podamos experimentar durante nuestro breve tiempo aquí en la tierra. Por esa razón Dios nos dio su palabra, la Biblia, para suministrarnos guía, instrucciones, procesos y mandamientos sobre cómo vivir nuestra vida y cómo tratar adecuadamente con toda situación concebible que podamos encontrar. Y aunque él desea que sigamos los caminos que ha trazado para nosotros, nunca nos fuerza a hacerlo, aun cuando nuestras experiencias nos informan en retrospectiva que sus caminos son siempre mejores para nuestra máxima felicidad y éxito. Esto es porque nos ama tanto que desea solo lo mejor para nosotros. «Yo los escogí a ustedes y los comisioné para que vayan y den fruto, un fruto que perdure. Así el Padre les dará todo lo que pidan en mi nombre» (Juan 15:16).

## Consecuencia: Compañera de la elección

La elección tiene una constante compañera: consecuencia. Por cada acción hay una reacción, un resultado, una *consecuencia*. Uno de los constantes desafíos que enfrentamos en la vida es el de anticipar, examinar y ser afectados por las consecuencias de nuestras elecciones. Desafortunadamente, no siempre podemos ver el otro lado de las decisiones que tomamos. Dios no nos da itinerarios preliminares de nuestro viaje por la vida, ni la divina providencia nos revela siempre lo que nos espera a la vuelta de la esquina en los caminos que escogemos.

Sin embargo, Dios no oculta cómo él desea que elijamos, como dice en Deuteronomio: «Te he dado a elegir entre la vida y la muerte, entre la bendición y la maldición. Elige pues la vida» (Deut. 30:19)

Para parafrasear a Robert Browning, el poeta y dramaturgo del siglo diecinueve, el «negocio» de la vida es hacer una interminable serie de elecciones.[2] Mientras pasamos de una elección a otra, la decisión que hacemos de cada una de esas elecciones puede impactar dramáticamente sobre el curso de nuestra vida entera. No hay mejor ejemplo de esta verdad que la forma que manejamos nuestro dinero.

Por ejemplo, cuando manejan asuntos monetarios y financieros, las personas a menudo eligen ir solos, rechazando seguir los caminos, procesos y mandamientos de Dios. Esta es la razón por la que tantos en la cultura de hoy viven con lo justo, luchando por mantener la cabeza fuera del agua. A causa de que eligen no aprender a hacer que su dinero realmente cuente, establecen un modelo que siguen a lo largo de sus vidas, sin darse cuenta que Dios enseña una manera más serena y exitosa de tratar con sus finanzas. Sus enseñanzas traen prosperidad, como dice en Proverbios 3:1–2: «Hijo mío, no te olvides de mis enseñanzas; más bien guarda en tu corazón mis mandamientos. Porque prolongarán tu vida muchos años y te traerán prosperidad».

En muchos casos, la iglesia contemporánea no enseña el método de Dios de tratar integralmente las finanzas y los asuntos monetarios. Este evangelio parcial se ha filtrado también en otros ámbitos afectando cómo encaramos temas tales como sanidad y liberación. Por ejemplo, predicamos y enseñamos acerca de la sanidad, pero decimos muy poco acerca de cómo *permanecer* sano. Predicamos mucho acerca de liberación, realizando conferencias y cultos de liberación y orientando a las personas sobre el tema, ¡pero no decimos mucho acerca de cómo *no caer* en esclavitud desde el principio!

Lo mismo ocurre con los asuntos monetarios. Predicamos prosperidad y éxito financiero, pero en la mayoría de los casos predicamos y proclamamos prosperidad sin hablar de un *proceso* para alcanzar esa prosperidad. Hay miles de personas que la mencionan, la reclaman y la ponen en el marco, pero la verdad sea dicha; aunque pueden creerla, la mayoría no la recibe. No es su error. Es la enseñanza errada.

Puede no gustarnos admitirlo, pero con demasiada frecuencia lo que se enseña, predica y proclama es un evangelio de prosperidad que ignora por completo el proceso bíblico. Esta interpretación incompleta de las Escrituras puede fácilmente generar santos inmaduros, ingenuos y haraganes, porque no se les está enseñando el evangelio completo sobre el particular. Muchos cristianos no responden a las enseñanzas y principios de Dios sobre este tema porque simplemente no han sido correctamente enseñados acerca de ello. Luego están aquellos que insisten en aprender en la forma más difícil, aun cuando la persona que les está pidiendo que confíen y sigan sus caminos es Jesucristo mismo.

Demasiadas personas están esperando alguna clase de movida sobrenatural de Dios que los haga prósperos. Están esperando que la riqueza descienda como maná del cielo, como dólares de plata de lo alto, tan pronto como sus tragamonedas espirituales se alineen adecuadamente. Sin embargo, eliminando el *proceso* de *prosperidad,* tienen exactamente dos posibilidades de obtener sobrenaturalmente lo que están esperando: escasa o ninguna.

Dios es un Dios de orden, no de caos. Hay un orden en la manera en que él hace su tarea, un proceso que él siempre sigue.

## Un principio del Reino

Es de grave consideración que la iglesia hoy muestre un cuadro incompleto de la cuestión del manejo del dinero. Eliminar el proceso de Dios del cuadro es ignorar una valiosa parábola instructiva que Jesús enseñó sobre el tema de los asuntos financieros. Lo que Jesús enseñó es el proceso *de Dios*, no del hombre, y hasta que no solamente entendamos el alcance y la importancia de esta enseñanza sino también que *la pongamos en práctica*, siempre estaremos lejos de nuestro potencial en el reino. Nos colocaremos en peligro de perder las bendiciones de Dios destinadas para nosotros y resultaremos de poca utilidad para él para su obra en el mundo.

La gente en la iglesia tiende a obrar en un sofisticado nivel de hipocresía, cuando se trata de dinero. Hay dos cosas de las cuales quisieran obtener más y oír menos los domingos, y el dinero es una de ellas. (El sexo es la otra.) Me doy cuenta que la discusión sobre dinero puede afectar la sensibilidad de algunos lectores, pero es tiempo de que los santos nos levantemos y mostremos al mundo de quien somos hijos: ¡Del Rey a quien todo pertenece!

En este libro, examinaremos qué significa «hacer negocio» para el reino de Cristo, y exploraremos las muchas bendiciones que le esperan cuando usted fielmente se hace cargo de sus asuntos financieros al modo de Dios en un esfuerzo para que su dinero cuente en la cultura de hoy. También descubriremos lo que ocurre a los que eligen formas mucho menos seguras de tratar con el dinero. A medida que avance en la lectura, tenga en cuenta que, a menos que se indique lo contrario, estos no son meramente mis pensamientos acerca del tema. Me esfuerzo en ser fiel a la palabra de Dios mientras buscamos incorporar en nuestras vidas las propias instrucciones de Dios, directamente de su palabra.

Es tiempo de que los creyentes introduzcan el *proceso* de nuevo en la prosperidad. Es tiempo que nosotros los predicadores comencemos a enseñar el evangelio *completo* sobre el tema del dinero. Es tiempo que los hijos de Dios aprendan el proceso de Dios, más que simplemente mencionarlo y reclamarlo sin entenderlo claramente.

Finalmente, la elección es suya. Usted puede adecuarse a un evangelio parcial si lo desea, pero le garantizo que la consecuencia no será la que está esperando. Por otra parte, si aprende y sigue de todo corazón los *caminos de Dios*, alcanzará grandes resultados. Es así de simple.

*Podemos* recibir todas las bendiciones que Dios tiene guardadas. Solo tenemos que hacerlo a su manera. Así que acompáñeme y exploremos el proceso de Dios para alcanzar seguridad financiera y hacer que su dinero cuente.

**Notas:**
1. Giovanni Pico della Mirandola (1463–1494), *Discurso sobre la dignidad del hombre*, publicado por primera vez en 1486.
2. Robert Browning (1812–1889), *El anillo y el libro*, capítulo 10, «El papa»

# Sección I

# El llamado del reino

*Pero tú, permanece firme en lo que has aprendido y de lo cuál estás convencido, pues sabes de quienes lo aprendiste.*

2 Timoteo 3:14

## La palabra de Dios acerca del dinero

Como seguidores de Dios, es crucial que aprendamos lo que él tiene que decir acerca de negocios y dinero, y que entonces *hagamos* como él instruye.

La palabra de Dios contiene abundante enseñanza y amonestación sobre el tema. En realidad, es un tema suficientemente importante para que las palabras «diezmo» y «riquezas» aparezcan en la Biblia más de 215 veces en total. No examinaremos cada una de esas referencias, pero al tiempo que haya terminado de leer este libro, habrá adquirido una sólida comprensión de lo que Dios tiene para decir acerca del dinero y cómo debemos manejarlo.

Antes de ponernos en orden con el dinero, tenemos que ponernos en orden con Dios. Este versículo ilustra el modelo de relación entre Dios y el hombre: «Así que *mi Dios* les proveerá de todo lo que necesiten, conforme a las gloriosas riquezas que tiene en Cristo Jesús» (Filipenses 4:19, énfasis agregado).

Todo comienza con esas dos cortas palabras, «mi Dios». Reconocer y abrazarse a Dios por lo que él es, es fundamental para aprender sus preceptos respecto al dinero. «Mi Dios» presupone tres cosas:

1. Una relación personal con Dios.
2. El reconocimiento de Dios como Señor.
3. La necesidad de salvación (lo que implica el reconocimiento de Dios)

Una vez que nuestra relación con Dios está establecida, nos movemos al resto del versículo: «proveerá», lo cuál aclara la naturaleza de Dios: Él es nuestro proveedor. Esto explica lo que Dios hará por usted: «les proveerá de todo lo que necesiten», lo que define su rol como proveedor de las necesidades en su vida, y el suyo como el objeto de su provisión.

Luego el versículo continúa para indicar en que consiste su provisión para usted: «sus riquezas». Esto parece una relación unilateral, donde Dios es el que da todo y nosotros recibimos todo. Pero recuerde la condición: debemos primero reconocerle como nuestro Dios, humillarnos delante de él y reconocer que dependemos de él para *toda* nuestra provisión. Una vez que la relación entre Dios y el hombre está definida, entonces podemos ir a la relación entre el hombre y el dinero.

Dios provee a sus hijos. Una de las formas de hacerlo es a través de la instrucción en su palabra, lo que haremos en la primera sección de este libro. También examinaremos algunos pasajes bíblicos principales que tratan acerca del dinero, incluyendo:

- La parábola de las minas, como la narró Jesús a sus discípulos en Lucas 19:11–26.
- Las cinco bendiciones de Dios del dinero.
- El propósito del dinero.
- Madurez espiritual.
- Cómo entra el tema del diezmo.

A medida que profundicemos en la palabra de Dios y exploremos sus enseñanzas sobre el tema del dinero, ¡comenzará a ver todas las bendiciones que él tiene almacenadas para usted en la medida que se comprometa a seguir su proceso y sus caminos!

CAPÍTULO 1

# Prosperidad: las verdades elementales

*Yo he venido para que tengan vida, y la tengan en abundancia.*

JUAN 10:10

Antes de seguir adelante, aclaremos un tema: pobreza o prosperidad. ¿Dios desea que los cristianos tengan riquezas, o no? Dos enseñanzas opuestas surgen de los púlpitos de las iglesias sobre este tema hoy en día. Una equipara estrechamente las posesiones materiales con las bendiciones de Dios, y la otra hace casi una «deificación» de la pobreza, como si fuera una santa virtud ser pobre. Un grupo mide la espiritualidad por la *acumulación* de posesiones materiales, y el otro por el *sacrificio* de las posesiones materiales.

¿Somos más espirituales si tenemos más cosas o somos más espirituales si tenemos menos? ¿Cuál enseñanza es de Dios? Veamos. Dios dice:

> Dichoso el hombre que no sigue el consejo de los malvados, ni se detiene en la senda de los pecadores ni cultiva la amistad de los blasfemos, sino que en la ley del Señor se deleita, y día y noche medita en ella. Es como un árbol plantado a la orilla de un río que, cuando llega su tiempo, da fruto y sus hojas jamás se marchitan. ¡Todo cuánto hace prospera! (Salmo 1:1–3).

La palabra «dichoso» en este salmo viene de la palabra hebrea *esher*, que significa «bendiciones» (plural), indicando una pluralidad de intensidad o magnitud. En otras palabras, felicidad es un subproducto de las elecciones que hacemos, y la persona que considera cuidadosamente sus elecciones en la vida aumenta sus posibilidades de felicidad.

el Salmo 1:1-3, la persona dichosa no anda en el consejo ... *elige* en cambio seguir la ley del Señor. El hacer solamente ... honran a Dios es lo que conduce a la felicidad y la prosperidad. ... surge cuando la gente comete el error de equiparar las posesiones ...riales con las bendiciones de Dios. Aunque es posible ganar posesiones materiales y prosperidad financiera como resultado de no amar, obedecer y honrar a Dios, esa riqueza no provendrá de la bendición de Dios sobre sus acciones y tiene mucho menos probabilidad de traer con ella felicidad duradera. Sin embargo, hay un inconveniente aún peor en intentar ganar prosperidad fuera de los caminos de Dios: Si Dios no es la fuente de sus posesiones materiales y riquezas, ¡hay solo un lugar más de donde puede venir! Si usted está ganando riquezas por seguir al diablo (intencionalmente o no), él eventualmente le cobrará un alto precio.

La bendición es una manifestación del favor divino, un favor que incluye *tanto* bendiciones materiales *como* espirituales. La primera vez que Dios pronunció bendiciones sobre alguien fue lo que llamamos el «pacto Abrahámico», que hizo con Abraham cuando dijo: «Te bendeciré, haré famoso tu nombre» (Génesis 12:2). Dios específicamente incluyó bendiciones materiales en el pacto Abrahámico; una parte del pacto fue la bendición de la tierra y la riqueza. Dios dice que si caminamos en sus caminos, viviremos nuestra vida bajo su mano de favor divino, disfrutando de la riqueza de sus bendiciones materiales y espirituales.

## Prosperidad bíblica: ¿Es una contradicción?

Mucha gente pregunta, «¿Es la prosperidad realmente la intención de Dios para nosotros?» La revista *Time* planteó la pregunta con más crudeza en su número del 18 de septiembre de 2006, con una portada que resaltaba «¿Desea Dios que usted sea rico?»

Desglosemos esta pregunta desde el principio por un proceso de eliminación, seguido por lo que Dios tiene que decir sobre el tema. En primer lugar, sin embargo, debe determinar en su mente la definición de «Dios» y la cuestión de quién es Dios con exactitud. Si usted no cree en el Dios de la Biblia y si usted no cree que la Biblia es verdadera, entonces saltee este capítulo y nos pondremos al día con usted en el próximo.

Si usted cree en el Dios de la Biblia y en la infalibilidad de la Escritura, y desea saber que es lo que él tiene para decir sobre el tema de la prosperidad y cómo se relaciona con los cristianos, entonces podemos encarar la primera pregunta que es: ¿Desea Dios que seamos financieramente indigentes? La respuesta es no, no hay Escritura que sustente tal premisa. Sin embargo, Dios no desea que anhelemos ser ricos simplemente por el hecho de ser ricos, como dice en 1 Timoteo 6:9: «Los que quieren enriquecerse caen en la tentación y se vuelven esclavos de sus muchos deseos. Estos afanes insensatos y dañinos hunden a la gente en la ruina y en la destrucción».

La segunda pregunta es: ¿Desea Dios que seamos mediocres en el plano monetario? Nuevamente, no hay versículo bíblico que respalde la meta de la mediocridad. Después de todo, somos hijos y herederos del Dios que todo lo posee de acuerdo con Gálatas 4:7: «Así que ya no eres esclavo sino hijo; y como eres hijo, Dios te ha hecho también heredero».

La tercera pregunta es, ¿Cuáles son los pensamientos de Dios acerca de la prosperidad; desea que prosperemos? Llevemos esta pregunta directamente a Dios mismo y permitamos que la conteste a través de sus propias Escrituras (énfasis agregado):

- El que confía en el Señor *prospera* (Proverbios 28:25)

- No te apartes de ella para nada; solo así *tendrás éxito* dondequiera que vayas (Josué 1:7).

- Sigan por el camino que el Señor su Dios les ha trazado, para que vivan [y] *prosperen* (Deuteronomio 5:33).

- Ahora cumplan con cuidado las condiciones de este pacto *para que prosperen* en todo lo que hagan (Deuteronomio 29:9).

- Cumple los mandatos del Señor tu Dios; sigue sus sendas y obedece sus decretos, mandamientos, leyes y preceptos, los cuales están escritos en la ley de Moisés. Así *prosperarás* en todo lo que hagas y por donde quiera que vayas (1 Reyes 2:3).

- El Señor nuestro Dios nos mandó temerle y obedecer estos preceptos, para que siempre *nos vaya bien* (Deuteronomio 6:24).

- El que es generoso *prospera* (Proverbios 11:25)

- ¡Confíen en el Señor y serán librados! ¡Confíen en sus profetas y tendrán éxito! (2 Crónicas 20:20).

Podría continuar con ejemplos de las Escrituras, pero sería como pescar en un barril. No obstante, veamos un ejemplo final, Proverbios 10:22: «La bendición del Señor trae riquezas.»

La palabra hebrea para «bendición» en este versículo es *berakah*, que significa «abundancia». El término hebreo para «rico» es *ashar*, que significa «acumulación» o «hacerse rico». De modo que la transliteración (traducción literal) de Proverbios 10: 22 es: «La abundancia de Dios es permitirte acumular para que te hagas rico». ¿Deja esto algún lugar a dudas sobre las intenciones de Dios hacia nosotros sobre el asunto?

Pero miremos entonces a la última parte del versículo: «Y nada se gana con preocuparse». ¡Qué agregado asombroso a la intención establecida por Dios! Cuando Dios nos bendice, no solo acumulamos y nos hacemos ricos, sino además no existe preocupación, dolor o disputa en el proceso; ¡él desea que sea fácil y sin dolor para nosotros! Y su única advertencia es que sigamos *sus caminos*, confiemos en su conducción, su plan, su proceso y su sendero (ver Levítico 25:18–19). ¡Es así!

Hay decenas de versículos bíblicos que dan una clara respuesta de Dios a la acuciante pregunta de la revista *Time*, «¿Desea Dios que usted sea rico?» Una respuesta que *Time* no anticipaba: Si hacemos como la Biblia instruye, si cumplimos sus mandamientos, si confiamos en su dirección… entonces, *¡Sí, él desea que prosperemos!* No hay duda. Dios lo hace muy claro.

## Los que retuercen la palabra de Dios

No cometamos el error de pensar que éste es un libro con un mensaje de prosperidad. Hay cristianos que creen que es el deseo de Dios que todo cristiano sea rico y que estamos en desobediencia a Dios si no estamos financieramente en buena posición. Es muy probable que estas personas tengan polvo sobre sus Biblias. Hay predicadores que gritan a sus congregaciones, «¡No es el deseo de Dios que usted pase por apremios económicos!»

Bueno, es posible que no sea el *deseo* de Dios que suframos algo, pero algunas veces puede ser su voluntad que lo hagamos. Aquí está la razón: Hay ocasiones cuando el sufrimiento es la única forma en que algunos de los más obstinados hijos de Dios aprenderán ciertas lecciones. Algunas veces, como padre, prefiero que mis hijos sufran una lucha si están involucrados en pecado; una lucha puede ser la única manera de atraer su atención para que cesen de cualquier comportamiento que está impidiendo su crecimiento espiritual. ¿Qué buen padre nunca disciplinó a sus hijos?

Si ha estado en conflictos económicos y las dificultades monetarias han llegado a ser común en su vida, puede ser que haya procesos bíblicos respecto al dinero que necesita aprender y poner en práctica. En realidad, tenemos una responsabilidad de ser todo lo que Dios nos ha llamado a ser en el ámbito de las finanzas. Esto significa que si Dios le ha permitido tener cierta preparación académica, si le ha dado una mente para pensar y razonar, si le ha bendecido con capacidad intelectual o talentos o dones que pueden beneficiarle en ser recompensado en el aspecto económico, y si no hace el esfuerzo de levantarse e ir a clase, no estudia, no hace su tarea; está profanando lo que Dios le ha dado. Está viviendo por debajo de lo que Dios ha ordenado que experimente.

Dios le ha bendecido con la capacidad de prosperar. Esto significa que en el curso de su vida, le ha llamado a ser el hombre o la mujer que él quiere que sea. Pero si usted opta por menos, está deshonrando al Dios que lo ha dotado con un potencial para mucho más. No hay nada que no pueda alcanzar razonablemente si hacen las cosas de la manera que Jesús enseña. Después de todo, afirma su palabra que «Todo lo puedo en Cristo que me fortalece» (Filipenses 4:13).

Prosperar significa avanzar *hasta el punto de la excelencia*, al más alto nivel. Dios le bendecirá con todo lo que necesita en su travesía a la cima de la montaña, y le ayudará a traversar todos los valles hasta que llegue al punto más alto del éxito que ha ordenado para usted. Todo lo que tiene que hacer es poner en marcha este proceso. «Porque yo sé muy bien los planes que tengo para ustedes, afirma el Señor, planes de bienestar y no de calamidad, a fin de darles un futuro y una esperanza» (Jeremías 29:11).

## Prosperidad es un viaje

*El primer día de la semana, cada uno de ustedes aparte y guarde algún dinero conforme a sus ingresos, para que no se tengan que hacer colectas cuando yo vaya.*

1 Corintios 16:2

> *Querido hermano, oro para que te vaya bien en todos tus asuntos y goces de buena salud, así como prosperas espiritualmente.*
>
> 3 JUAN 1:2

Prosperidad es un concepto establecido en el Antiguo Testamento. En realidad, 27 de las 29 veces que aparece la palabra «prosperidad» ocurren en el Antiguo Testamento. La palabra para «prosperar» en los versículos del Nuevo Testamento mencionados arriba tiene una connotación levemente diferente a la del Antiguo Testamento. Indica *bienestar en un viaje,* avanzar en su viaje con bienestar y éxito progresivo. La idea es que le vaya bien en su viaje por la vida, en todos los ámbitos, así como le va bien con su salud.

El salmo 1 dice que la persona dichosa, que es feliz, que hace bien, que camina en el consejo del Señor, prosperará. El verbo principal traducido al inglés como «prosperar» es *tsalach,* o *tsa-leach.* Significa «avanzar, salir, venir con poder, exceder, aprovechar, hacer que prospere». *Tsalach* es una palabra que indica la acción de moverse hacia delante, cruzar o atravesar. Implica que la persona que es dichosa y próspera es aquella cuya vida está constantemente avanzando. En realidad, está siendo *empujada* a avanzar; hay algo detrás suyo que la impulsa, la compele a ir hacia adelante.

La idea de prosperar es la de un viaje. Cuando usted está prosperando, está continuamente avanzando en su camino. Afirmar que está prosperando no implica que no se encontrará en aprietos, que no experimentará desafíos o encontrará obstáculos de vez en cuando. Los problemas ocasionales florecerán en nuestro camino por la vida. Pero tratamos con ellos. Prosperamos por aquello (*o Aquel*) que nos está impulsando. ¡Estamos en condiciones de pasar por encima de cualquier barrera u obstáculo que esté en nuestro camino! ¡Saldremos adelante!

La verdadera prosperidad es simplemente éxito a la manera de Dios. La persona que Dios prospera es aquella cuyo camino es despejado por Dios porque está siguiéndole en su camino. La palabra «prosperidad» está relacionada con la palabra «triunfar», que significa que Dios despejará el camino y le conducirá en su viaje de tal manera que llegará al lugar que él le ha preparado. Una vez que entienda la verdadera prosperidad bíblica y comience a separar la verdad bíblica de mucha de la confusa teología contemporánea sobre prosperidad, tendrá una nueva revelación de cómo Dios desea que marche por la vida, ¡y hacer que el viaje goce de progreso!

Echemos una mirada a un ejemplo bíblico de prosperidad.

## José: Un viaje por la vida de prosperidad

*Ahora bien, el Señor estaba con José y las cosas le salían muy bien. Mientras José vivía en la casa del patrón egipcio, éste se dio cuenta de que el Señor estaba con José y lo hacía prosperar en todo.*

Génesis 39:2-3

La Biblia dice que José era próspero porque el Señor estaba con él. José era el más joven de once hermanos. Era un soñador y un idealista. Sus hermanos lo consideraban un rapaz malcriado. Siendo el más joven y habiendo nacido cuando su padre, Jacob, había pasado sus años dorados, José era el hijo predilecto. Su padre le había dado una túnica especial, ricamente ornamentada para usar (ver Génesis 37:3). Sus diez hermanos comenzaron a estar celosos de él, así que tramaron meterlo en un pozo y librarse de él de una vez y para siempre. De alguna manera, su plan fracasó. Esto también introdujo todo el relato de la redención en la increíble historia de Israel.

José fue vendido como esclavo a unos mercaderes conocidos como ismaelitas que lo llevaron a Egipto y lo vendieron como esclavo a Potifar, uno de los oficiales de faraón y capitán de la guardia de palacio del faraón.

Las cosas comenzaron a mejorar. José, debido a su diligencia, su obediencia a Dios y, sin duda, a su personalidad jovial y encantadora, fue pronto nombrado como jefe del personal de la casa de Potifar.

Las cosas comenzaron a empeorar. José fue falsamente acusado por la esposa de Potifar de tratar de violarla. Fue arrojado a la prisión, donde languideció durante unos años.

Las cosas volvieron a mejorar. Finalmente, la verdad sobre el carácter honesto de José salió a la luz. Le dieron un puesto para asistir al faraón en un asunto urgente., y fue nombrado como uno de los más altos oficiales en Egipto, segundo en autoridad solo al mismo faraón.

José no esperó hasta convertirse en el ministro de la economía de Egipto para comenzar a prosperar. De hecho, él prosperaba a cada paso del camino desde cuando administraba la casa de Potifar. José prosperaba. ¡Aún cuando estaba en la cárcel, José estaba prosperando!

José prosperó porque su posición final de liderazgo en Egipto era el propósito de Dios para él. Alcanzó ese propósito porque confió en Dios y le siguió paso a paso a lo largo del camino. Todos esos pasos —ser vendido por sus hermanos como esclavo, servir en la casa de Potifar, ser metido injustamente en la cárcel, ser liberado por el faraón que luego lo nombró segundo en mando sobre la nación más poderosa de la Tierra— fueron todos pasos en su proceso de viaje de prosperidad.

José estaba en viaje hacia la dichosa responsabilidad de conducir a una nación entera tanto en buenos como en malos tiempos. Nada de lo que experimentó, sufrió y conquistó fue al azar; cada paso del camino fue ordenado por Dios. Algunas veces fue conducido a través de circunstancias difíciles, pues para que Dios llevara a José todo el trayecto a su destino, tenía que hacerlo por algunos senderos desparejos. Pero él condujo a José. Y José nunca vaciló en su camino: lo abrazó, se sometió a él, lo buscó. En realidad, siguió el sendero de Dios para su vida, con una perspectiva positiva y sin haber pronunciado siquiera una queja. José fue grandemente bendecido y prosperado por causa de su actitud y su obediencia.

José es un ejemplo de prosperidad porque su viaje al pináculo de responsabilidad sobre Egipto fue su propósito, y todo lo que le condujera a ese punto era un peldaño crucial a su prosperidad, un escalón en su escalera a la cima. Era todo parte del tejido del modelo de Dios para la vida de José. De igual manera, su prosperidad está inextricablemente entrelazada en el tejido del propósito para su vida. Dios le permite experimentar los altos y bajos de la vida porque la prosperidad está integrada dentro de su propósito mientras usted hace su viaje.

## Los que no estudian pero dicen que no

Demasiada gente no estudia las Escrituras suficientemente a fondo para darse cuenta de un simple hecho: la Biblia *nunca* se contradice. Es *definitiva* en el tema de dinero, prosperidad, finanzas e ingresos. Los cristianos negativos, los detractores, que proclaman que una persona no puede ser cristiana y a la vez próspera o rica simplemente no estudian sus Biblias con suficiente detalle.

Para explicar su posición, aquellos con la postura de la pobreza a menudo señalan a versos como éste, del libro de Mateo:

> No acumulen para sí tesoros en la tierra, donde la polilla y el óxido destruyen, y donde los ladrones se meten a robar. Más bien, acumulen para sí tesoros en el cielo, donde ni la polilla ni el óxido carcomen, ni

los ladrones se meten a robar. Porque donde esté tu tesoro, allí estará también tu corazón. (Mateo 6:19–21)

La gente que usa este pasaje para fundamentar su misión de probar que Dios no desea que seamos ricos, deshecha palabras claves en el pasaje: para sí. «No acumulen *para sí*...» Por supuesto, no suponemos que vamos a almacenar bendiciones materiales para nosotros mismos; la Biblia enseña claramente que no debemos acapararlas, sino compartirlas cuando las obtenemos.

Estas mismas personas también citan partes del Antiguo Testamento para tratar de probar que los cristianos no deben buscar prosperar:

No te asombre ver que alguien se enriquezca y aumente el esplendor de su casa, porque al morir no llevará nada ni con él descenderá su esplendor. Aunque en vida se considere dichoso, y la gente lo elogie por sus logros, irá a reunirse con sus ancestros, sin que vuelva jamás a ver la luz. A pesar de sus riquezas, no perduran los mortales; al igual que las bestias, perecen. (Salmo 49:16–20).

Las personas que usan estos versículos para probar su argumento antiprosperidad tampoco perciben una simple frase: «aumente el esplendor de *su* casa». Por supuesto, no buscamos el esplendor de *nuestra* casa, sino el esplendor y la gloria de la casa *de Dios*. Luego, en el mismo pasaje viene la frase, «aunque en vida *se considere dichoso*». Nuevamente la Biblia es clara: no debemos usar nuestras posesiones materiales, nuestra prosperidad, meramente para bendecirnos a nosotros mismos, sino *para bendecir a otros*, para hacer la obra *de Dios*, para el avance de *su* reino en la Tierra.

Un pasaje en Santiago es también usado a menudo en contra de la prosperidad:

Ahora escuchen ustedes los ricos: ¡lloren a gritos por las calamidades que se les vienen encima! Se ha podrido su riqueza, y sus ropas están comidas por la polilla. Se han oxidado su oro y su plata. Ese óxido dará testimonio contra ustedes y consumirá como fuego sus cuerpos. Han amontonado riquezas, ¡y eso que estamos en los últimos tiempos! (Santiago 5:1–3).

Nuevamente, lo obvio se pasa por alto en el mismo versículo que se usa para fundamentar su postura. La aclaración está allí mismo: «*su* riqueza» (en referencia a una persona rica cuyo concepto es que sus riquezas le pertenecen). Cualquier cristiano que estudie la Biblia sobre el tema sabe que las riquezas no son nuestras; son de Dios. El versículo señala las personas que piensan que las riquezas les pertenecen y que pueden hacer con ellas lo que se le antoja; no afirma que los cristianos no deben ejercer la mayordomía sobre las riquezas.

Luego, en el mismo pasaje está la frase «han amontonado riquezas». Esto se refiere a *acaparar para uno mismo*, lo que indica nuevamente una disposición de poseer para beneficio propio.

Podría continuar mencionando acerca de la falta de estudio de estos deficientes maestros y su predicación de un evangelio parcial sobre el tema, usando los mismos versículo bíblicos que citan en el pretendido apoyo de su reclamo que Dios no desea que los cristianos se vuelvan prósperos o ricos. La Escritura es clara como el cristal sobre el asunto: Cuando tratamos los tesoros como nuestros, cuando comenzamos a pensar en las bendiciones materiales como nuestra propiedad personal para hacer como se nos antoja, nos salimos del camino. *Nunca* son nuestras; son siempre del Señor, confiadas a nosotros, pero solo por un tiempo. Y si deliberadamente nos desordenamos, Dios nos disciplinará, como promete: «Tú reprendes a los mortales, los castigas por su iniquidad; como polilla, acabas con sus placeres. ¡Un soplo nada más es el mortal! (Salmo 39:11).

## Pero, ¿esto es de Dios?

Cualquier cosa que parece prosperidad pero no engrandece su propósito, ¡no es de Dios! Si no trae gloria a Dios, si no ilumina su camino cristiano, si no representa el carácter de Jesucristo, entonces no me preocupo cuán bueno parece, cuán grande se percibe, cuán popular es; es un engaño y una indicación que usted ha estado caminando en el consejo de los malvados. Usted será próspero solo en la medida que esté avanzando hacia las cosas de Dios, porque con Dios, no se trata de dinero. Ni Dios ni el diablo se alteran cuando usted gana riquezas materiales. Al enemigo solo le interesa darle todo lo que le mantenga alejado de su destino en Dios, y Dios solo está preocupado que usted siga su propósito para su vida, que siga a su Espíritu Santo, sus caminos, sus procesos.

La prosperidad es contextualmente relevante a nuestro propósito. En otras palabras, prosperamos en el entorno de nuestro propósito, porque la prosperidad es parte del cumplimiento del llamado específico de Dios en nuestra vida. Por lo tanto, la prosperidad divina es estimada así, *solo* si nos permite avanzar en el viaje hacia nuestro destino con Dios en este mundo. No importa cuán atractivo parezcan las cosas a la vera del camino, pues tan pronto cuando se sale de él y va detrás de lo que piensa que parece bueno pero no es de Dios, esto lo desvía de su propósito y su destino. Algo puede *parecer* próspero, pero si no es parte de su viaje con Dios, le ha distraído de su destino y propósito, y Dios dice que no es de él. Y si esto no es de Dios, el proceso de eliminación de posibilidades le está diciendo de quién vienen tales distracciones.

Esto nos lleva a una potencial zancadilla: ¡si tiene que hacerlo, el diablo recurrirá a tratar de *bendecirle* para sacarlo de su propósito! Tratará de distraerle de manera de sacarlo del curso de su viaje de prosperidad. Mucha gente falla en esto, de manera que Jesús tiene que venir y recordarles: «¿De qué sirve ganar el mundo entero si se pierde la vida?» (Marcos 8:36).

El diablo no está preocupado de que usted se haga rico o tenga dinero. El diablo desea que usted pierda su propósito. El diablo desea que se salga del camino de Dios para su vida, y eso es todo lo que desea, porque sabe algo de lo que desea que nunca nos demos cuenta: ¡es posible ganar el mundo entero *y* ganar también su alma! Solo siga los preceptos, los procesos, los caminos de Dios y como José, prosperará en la Tierra y entrará victorioso en el cielo al tiempo señalado.

## Por su fruto

La Biblia afirma: «por sus frutos los conocerán» (Mateo 7:20). Esto es, los cristianos seremos conocidos por nuestro «fruto», por lo que hacemos, cómo tratamos a la gente, si ayudamos a los menesterosos. Si no tenemos fruto, ¿cómo nos conocerán? Si no tenemos capacidad para ayudar, asistir, dar pasos en tiempos difíciles cuando la gente sufre en necesidad, ¿cómo seremos conocidos?

A muchos pastores no les interesa predicar acerca del dinero, las bendiciones materiales y la prosperidad, simplemente porque no han estudiado las Escrituras con suficiente profundidad como para tener agudeza sobre el tema. Aún existen predicadores que descaradamente desaniman a sus rebaños de pensar que Dios mira favorablemente la prosperidad. ¿Pero qué hacemos con José? ¿Qué hacemos con el rey David? ¿Qué hacemos con Moisés y Mateo y Zaqueo y José de Arimatea y muchos otros? ¿Los condena su riqueza? Por supuesto que no. En verdad, su riqueza fue un componente esencial para servir a Dios y funcionar dentro del propósito por él ordenado. Sin dinero, por ejemplo, José de Arimatea no podría haber comprado la tumba privada para Jesús.

Están también los así llamados ministerios de prosperidad que esencialmente dicen que la manera de ayudar a los pobres es *animarles a no ser pobres*. Animar a alguien sin ayudarles es no hacer nada por los pobres. A los pobres se les ayuda, *ayudándoles*. Las perogrulladas no ayudan a una persona necesitada a pagar su alquiler, y es mucho más fácil ayudar a pagar el alquiler cuando tiene los recursos económicos para hacerlo. Usted gana los recursos obedeciendo la palabra de Dios y permitiendo que su proceso actúe en su vida al tiempo que sigue su propósito para su vida. Si Dios desea que sea rico para cumplir su propósito a través suyo, ¿quién es usted para decir, «Ah, no, gracias Señor; mi pastor me dijo que la riqueza está mal para nosotros los cristianos? De todas maneras, muchas gracias».

No conozco un solo cristiano que sinceramente crea que Jesús murió de la manera más violenta posible y luego se levantó de la tumba a la gloria en el cielo, solo para que pudiéramos ser «bendecidos» para vivir una vida colmada de mediocridad, errores, pobreza y angustia económica. ¿Pensamos sinceramente que nuestro Padre en el cielo prefiere eso para nosotros? ¿Qué clase de padre desea eso para sus hijos? Es tiempo de despojarnos de esa forma de pensar. Si usted es padre, responda esta pregunta con sinceridad: ¿Preferiría que sus hijos y sus nietos estén constantemente preocupados por ganar lo necesario para vivir, o que ellos no tengan tal preocupación en sus mentes?

He hallado una interesante contradicción: ¡Algunas de las mismas personas que propugnan una teología de la anti-riqueza están involucradas en ministerios que están sostenidos por cristianos millonarios! Un millonario que patrocina una misión y un ministerio es responsable de ganar tanto dinero como sea posible y luego canalizar esos fondos hacia el ministerio; es necesario que esa persona sea tan rica y próspera como Dios quiere que sea. Dios le dio el poder para que lo sea y que pueda dar, de manera que él pueda restablecer su pacto e invertirlo de vuelta en el reino. Mientras tanto, Dios recibe la gloria y mucha gente es bendecida en el trayecto. Ese proceso, como dice Eclesiastés, ¡es un don de Dios!

> Esto es lo que he comprobado: que en esta vida lo mejor es comer y beber, y disfrutar del fruto de nuestros afanes. Es lo que Dios nos ha concedido; es lo que nos ha tocado. Además, a quien Dios le concede abundancia y riquezas, también le concede tomar de ellas,

y tomar su parte y disfrutar de sus afanes, pues esto es don de Dios (Eclesiastés 5:18–19).

No caiga en ninguno de los dos extremos que se han deslizado en la iglesia hoy. No crea por un lado que todas las bendiciones de Dios tienen que ver con dinero, pero no crea tampoco por el otro, que las bendiciones de Dios nunca tienen que ver con dinero. Las bendiciones de Dios y su propósito para usted están por encima y más allá de todo lo que pueda imaginar. Sus bendiciones incluyen riqueza espiritual, y también abarcan el bienestar material.

## En el gozo de José

El propósito final de Dios para su vida es que gane todas las «cosas» mundanas que él se ha propuesto que usted tenga y también su alma. Usted tiene la responsabilidad de ser tan rico como Dios desea que sea. Tiene la responsabilidad de estar a la altura de su propósito. Es responsable de ser tan bendecido y próspero como dicta su propósito en Dios.

Tengo el ferviente deseo de un día vivir con el 10 por ciento de lo que gano y poder dar el 90 por ciento de vuelta al reino de Dios en la Tierra. No estoy diciendo que soy tan noble o profundo o espiritual. Estoy diciendo más bien que esto es lo que está urgiendo el Espíritu Santo dentro de mí.

¿Sabe usted cuánto necesito ganar para poder vivir con 10 y dar 90? ¿Es esto de alguna manera posible? ¡Con Dios lo es! Tendré que dejar de lado algunas distracciones e influencias no productivas, ¡pero valdrá la pena porque le garantizo que el 10 con el que viviré entonces será mejor que el 90 con el que vivo ahora!

¿Qué desea para su vida? ¿Está deseando dar gloria al nombre de Dios para recibir su gloria en el propósito de su vida? Cualquiera sea el propósito al que Dios lo está llamando, vívalo plenamente. ¡No rechace nada de él! Abrácelo con júbilo, como lo hacía siempre José. Dios dice que la persona que es feliz prosperará. Una vez que entiende la *definición* de la prosperidad, Dios le dará las *instrucciones* para la prosperidad.

El Salmo 1:3 dice que prosperará todo lo que hace la persona obediente. ¿Por qué? ¡Porque su deleite está en la ley del Señor! ¡Comience a vivir su vida en el deleite de la ley de Dios, y mire cómo su vida prospera!

Me hago eco de la oración del apóstol Juan para usted: *Oro para que te vaya bien en todos tus asuntos y goces de buena salud, así como prosperas espiritualmente.*

Capítulo 2

# El mensaje de las minas

*Oyendo ellos estas cosas, prosiguió Jesús y dijo una parábola, por cuanto estaba cerca de Jerusalén y ellos pensaban que el reino de Dios se manifestaría inmediatamente.*
*Dijo, pues: «Un hombre noble se fue a un país lejano para recibir un reino y volver. Llamó antes a diez siervos suyos, les dio diez minas y les dijo: "Negociad entre tanto que regreso"».*

LUCAS 19:11–13 (RVR 1995)

La parábola de las minas es uno de los pasajes más convincentes en la Escritura para ayudarnos a entender las instrucciones de Dios sobre el dinero. Una mina es el peso de una moneda que hoy valdría entre quince y veinte dólares. La versión en inglés *King James* las denomina libras. La traducción *La Biblia al Día* dice que el hombre noble «les dio a cada uno dos mil dólares para invertir mientras él no estuviera». La versión *The Message* [El Mensaje] simplemente dice que era «una suma de dinero». Cualquiera fuera el monto, esta parábola claramente establece el proceso de Dios que ordena lo que se debe hacer con el dinero y cómo supervisar nuestros asuntos económicos en maneras que le muestren a él que nos puede confiar sus recursos.

No es casual que Jesús narre esta parábola en esta ocasión, justo después de cenar con un hombre llamado Zaqueo. En Lucas 19, versículo 2, encontramos a Zaqueo y aprendemos dos cosas acerca de él: es un recaudador de impuestos y es rico. Es probable que estos dos hechos fueran los motivos para que Jesús enseñara esta parábola. Algo que seguramente urgió la enseñanza fue la expectativa errónea de los discípulos de Jesús de que el reino de Cristo había finalmente venido a la Tierra y que su gobierno iba a ser establecido inmediatamente.

Estaba cerca de Jerusalén, y ellos pensaban que el reino de Dios se manifestaría inmediatamente (Lucas 19:11, RVR1960).

Los discípulos también asumieron que la llegada del *Mashiyach* (Mesías) significaba que ya no tendrían que trabajar duro, como burros, que no tendrían que defenderse. Daban por sentado que, ya que Jesús había finalmente llegado a escena como anticipaba la Torah, seguramente iba a destruir el opresivo yugo romano y establecer su reino sobre la Tierra.

«No tan rápido», dice Jesús, en efecto. «Hay mucho que tiene que ser hecho antes que todo eso ocurra.» Y así, les contó esta instructiva parábola, que anticipó tres cosas:

1. Vaticinó su partida por medio de la crucifixión.
2. Informó a los discípulos que tenían aun una tarea que realizar en su ausencia.
3. Les instruyó que su trabajo era manejar el negocio hasta que él volviera.

El mensaje subyacente era que Jesús iba a irse pronto a recibir su reino de Dios, y mientras estaba ocupado en su negocio, los discípulos también tenían que estar en lo suyo. Ya que también somos discípulos de Jesús, la lección se aplica a nosotros: Tenemos que estar en el negocio, con los recursos que Dios nos ha dado, hasta que Cristo vuelva.

Pero, ¿Qué significa esto, exactamente?

## Háganlo trabajar

La parábola dice que cuando el rey llamó a diez de sus siervos, dio a cada uno una mina. En aquella época y economía, una mina era el equivalente de aproximadamente tres meses de salario. Junto con la mina les dio una orden. No era una sugerencia o una mera instrucción: era una *orden*. La frase en griego significa *hacer la actividad de un comerciante o un banquero*. El tiempo de la frase «entretanto que regreso» significa hacer negocio *mientras estoy regresando*. En otras palabras, «Estoy regresando, y mientras estoy regresando, hay algo que necesito que ustedes hagan». Ese «algo», Jesús dice, es *hacer negocio*.

Así que aquí tenemos a Jesús dando instrucciones a sus discípulos para realizar una tarea que a primera vista no parece muy espiritual. Esto es significativo. Todo lo que hacemos está dentro de nuestra relación espiritual con Dios, pero no todo lo que hacemos es necesariamente espiritual en su naturaleza. En otras palabras, todavía debemos vivir, habitar y ser parte de este mundo. No hay separación para nosotros entre lo sagrado y lo secular; está todo englobado en *la vida*. Y aquí Dios nos da un ejemplo instructivo de algo que tiene lugar dentro del marco del sistema del mundo. Es práctico. Es tener los pies en la tierra. Es mundano. Es *negocio*.

Veamos nuevamente la orden misma. Envuelto en la orden de hacer negocio (u «ocuparse») está el concepto de realizar la actividad de un comerciante o un banquero. En otras palabras, el hombre noble está diciendo: «Inviertan mi dinero, pónganlo a trabajar hasta que yo regrese». No dijo regálenlo. No dijo entiérrenlo y manténganlo seguro. ¡Dijo: *hagan negocio con él*! Comercien con él. Hagan que se incremente.

Dejó a cada siervo una porción de dinero, junto con breves instrucciones. Y luego de un tiempo, regresó…

Aconteció que, al regresar él después de recibir el reino, mandó llamar ante él a aquellos siervos a los cuales había dado el dinero, para saber lo que había negociado cada uno. Se presentó el primero, diciendo: «Señor, tu mina ha ganado diez minas». Él le dijo: «Está bien, buen siervo; por cuanto en lo poco has sido fiel, tendrás autoridad sobre diez ciudades». Llegó otro, diciendo: «Señor, tu mina ha producido cinco minas». También a este dijo: «Tú también sé sobre cinco ciudades» (Lucas 19:15–19, RVR1995).

Cuando el noble regresó, cada siervo le dio un informe. Uno dijo: «Señor, tu mina ha ganado diez minas». Esto es un incremento de diez veces, mil por ciento de su capital inicial; no está tan mal. Comenzó con una y ahora tiene diez. El noble respondió: «Bien hecho, siervo fiel. Te daré autoridad sobre diez ciudades». Observe como la progresión está vinculada a la recompensa: el primer siervo recibió un monto de dinero, y en recompensa por incrementarlo de uno a diez, recibió diez ciudades sobre las cuales gobernar.

El próximo siervo fue y dijo: «Señor, su mina ha ganado cinco». Note la misma progresión. «Bien hecho», dijo el señor. «Te daré autoridad sobre cinco ciudades». Nuevamente hubo una ganancia y se dio una recompensa.

En la actividad de hacer negocio, ganaron mucho a partir de uno. ¿Cómo ganaron estos hombres diez y cinco a partir de uno? La respuesta está en el texto. *¡Pusieron el dinero a trabajar!* Hicieron negocio.

La palabra «negocio» proviene de la palabra griega *pragmateuomai,* que es la raíz de nuestras palabras «pragmatismo» y «pragmático». La palabra «ganancia», deriva de la misma palabra, *pragmateuomai.* El término paralelo hebreo para «hacer negocio» es *asah mela'kah,* que significa «enviar un sustituto; un mensajero, específicamente de Dios; embajador; es decir, ministerio, empleo o trabajo.[1] El término hebreo también se refiere a propiedad ganada como resultado del trabajo, comercio, ganado, industria, profesión o trabajo artesanal.

En resumen, ellos hicieron negocio y ganaron dinero. «Hacer negocio» está presentado en esta parábola como un esfuerzo muy práctico, pragmático y normal.

Aquí está la manera en que diferentes traducciones de la Biblia presentan la frase «hagan negocio»:

| | |
|---|---|
| NVI: | «Hagan negocio con este dinero hasta que yo vuelva» |
| RVR, 1960: | «Negociad entre tanto que vengo» |
| RVR, 1995: | «Negociad entre tanto que regreso» |
| DHH: | «Hagan negocio con este dinero hasta que yo vuelva» |
| LBA: | «Hagan negocio con este dinero hasta que yo vuelva» |
| BAD: | «que lo invirtieran mientras estuviera ausente» |
| BLS: | «Hagan negocios con este dinero hasta que yo vuelva» |
| EL MENSAJE: | «Funcionen con esto hasta que yo regrese» |
| AMP: | «Compren y vendan con estas mientras yo voy y vuelvo» |

El mensaje es el mismo, no importa la versión que utilice. Mucha gente intenta espiritualizar el pasaje de Lucas 19 y hacerlo lo que no es. El hecho es que Jesús está enseñando una sensata, práctica verdad *pragmateuomai* acerca del dinero. No importa cómo lo desmenuce, no importa en que versión lea la historia, es claro que Jesús estaba hablando en términos prácticos. El hombre noble dijo: «Tomen el dinero; y mientras estoy afuera, hagan negocio con él. Compren y vendan, realicen la actividad de un comerciante, de un banquero o de un hombre de negocios».

Recuerde, no todo lo que hacemos como cristianos será necesariamente un emprendimiento «espiritual», pero aun estará dentro del contexto de nuestra relación espiritual con Dios. Será santificado cuando lo hacemos en su nombre y a su manera.

## El tercer hombre

Las parábolas contienen simbolismos. En esta parábola el hombre noble, el señor, simboliza a Jesús mismo. Los siervos nos simbolizan a nosotros, el pueblo de Dios, seguidores del rey.

Cuando se estaba preparando para partir, el noble llamó a diez de sus seguidores y les dio a cada uno de ellos una mina y una simple instrucción: *Tomen este dinero y hagan negocio con él hasta que regrese*. Cuando el noble confió su dinero a sus siervos, tres componentes fueron puestos en juego:

1. Les dio a sus siervos instrucciones explícitas de lo que deseaba que hicieran con su dinero: *hacer negocio*.
2. Había una expectativa no verbalizada en sus instrucciones explícitas: *ganen más dinero* (y ciertamente, no lo pierdan).
3. Habrá una cuenta final: *hasta que yo venga* (lo que trae la insinuación de juicio o recompensa, conforme a los resultados).

El primer componente era explícito. El segundo era implícito. El tercero no estaba expresado en palabras. A ninguno de los siervos se le advirtió que si ellos no hacían al menos un sensible esfuerzo con el dinero de su señor, tendrían graves consecuencias. Sin embargo, Dios gentilmente *nos* ha dado tal advertencia, a través de esta misma parábola.

El señor era un hombre de negocios que ganaba algo de su dinero teniendo a otros que hacían inversiones en su nombre. Esperaba que sus siervos se comportasen con el dinero de la misma manera, o al menos hicieran su mejor esfuerzo. Cuando el señor regresó de hacer sus negocios, llamó a cada uno de sus siervos delante suyo para preguntarles cómo les había ido con la administración de su negocio. Deseaba saber cuánto había ganado cada uno comerciando con su dinero. Note que cada siervo comenzó con el mismo monto, una mina. Un siervo convirtió su mina en diez. Otro convirtió su mina en cinco. Ambos hombres fueron ampliamente recompensados: el que ganó diez minas, recibió autoridad sobre diez ciudades, y el que ganó cinco, recibió autoridad sobre cinco ciudades.

Entonces llegamos al tercer hombre... y la lección hace un giro. El tercer hombre fue ante el señor y le entregó un informe muy interesante:

Señor, aquí tiene su dinero; lo he tenido guardado, envuelto en un pañuelo. Es que le tenía miedo a usted, que es un hombre muy exigente; toma lo que no depositó y cosecha lo que no sembró (Lucas 19:20-21).

¡El tercer hombre guardó el dinero de su señor en un pañuelo! Este siervo, que comenzó con una mina como los otros siervos, no hizo nada con su mina sino que la enterró despectivamente bajo tierra. ¿Cuán poco creativo puede ser una persona? Ni siquiera lo depositó en el banco, de manera que su señor pudiera al menos haber ganado un pequeño interés por su dinero.

El tercer hombre, no haciendo nada con la mina de su señor, se puso en una situación para recibir un severo juicio. Le dijo a su señor: «Lo guardé en un pañuelo», como si eso fuera de alguna ayuda; al menos, pudiera mantener la mina con brillo. Pero también podía haber dicho a su señor: «No hice lo que me pidió que hiciera con su dinero en su ausencia, jefe. ¡Caramba! Ni siquiera *traté* de obtener algún beneficio ni *intenté* hacer algún negocio con él. No hice ningún esfuerzo. En realidad, jefe, lo guardé en un pañuelo y lo metí en el piso. Seguro, escuché sus instrucciones; no soy sordo. Pero ¡usted es un hombre *duro*! No deseaba tomar el riesgo de ser regañado en caso de que fallara en obtener alguna ganancia. Así que pensé que sería mejor si simplemente... no hiciera nada».

Apuesto a que la gente reunida allí sintió vergüenza ajena cuando él dijo a su señor que no había hecho nada con el dinero. Usted seguramente podría haber escuchado cómo al señor se le caía la mandíbula cuando el tercer siervo anunciaba: «Señor, lo enterré en el piso». El siervo se había esforzado para asegurarse de que la mina no ganara siquiera un ínfimo interés. No expresó remordimiento de que había contrariado completamente las órdenes de su señor. No parecía pensar que había algo particularmente equivocado en lo que había hecho. Meramente explicó su desobediencia sin darle demasiada importancia, como si enterrar dinero envuelto en un pañuelo en un agujero sucio era algo normal de hacer.

El tercer hombre estaba actuando con dos serios malentendidos: primero, que podía hacer lo que mejor le parecía con el dinero, en abierta desobediencia a los deseos del señor (¡de quien era el dinero en primer lugar!); y segundo, que el dinero era algo que habría que poseer, acumular, esconder en el suelo y no ser arriesgado, antes que un activo con potencial para ganar y crecer.

Si piensa que la reacción del tercer hombre a las instrucciones de su señor fue sorprendente, espere hasta ver la reacción del señor a la insolencia del siervo.

> El rey le contestó: «Siervo malo, con tus propias palabras te voy a juzgar. ¿Así que sabías que soy muy exigente, que tomo lo que no deposité y cosecho lo que no sembré? Entonces, ¿por qué no pusiste mi dinero en el banco, para que al regreso pudiera reclamar los intereses?» Luego dijo a los presentes: «Quítenle el dinero y dénselo al que recibió diez veces más». «Señor, protestaron, ¡él ya tiene diez veces más!» El rey contestó: «Les aseguro que a todo el que tiene, se le dará más, pero al que no tiene, se le quitará hasta lo que tiene» (Lucas 19:22–26).

Algunos pueden pensar que este castigo fue excesivo; sin embargo, ¿cómo esperaba el tercer hombre que su señor respondiera? Es entendible que el señor estuviera tan disgustado con su tercer siervo; ni siquiera *trató* de seguir sus instrucciones. La reacción del señor no fue tan severa, si lo piensa bien. ¿Había instruido a sus hombres a hacer algo para lo que no estaban equipados para al menos intentarlo? Los primeros dos siervos probaron que tenían los medios para realizar lo requerido, y con resultados excepcionales. El castigo del tercer siervo fue bastante liviano, considerando que lisa y llanamente rechazó hacer lo que su señor le ordenó. Su desobediencia le podía haber costado mucho más que haberle quitado lo que se le había confiado.

Aquí está cómo resultan las ecuaciones:

### Ecuación del tercer hombre

| | |
|---|---:|
| Vino al primer encuentro sin nada: | 0 |
| Le dieron algo: | +1 |
| No hizo nada con eso; no ganó nada: | 0 |
| Lo que le habían dado le fue quitado: | -1 |
| Se fue sin nada | = 0 (+ vergüenza) |

**Ecuación de los siervos obedientes**

| | |
|---|---:|
| Vinieron al primer encuentro sin nada: | 0 |
| Les dieron algo: | +1 |
| Hicieron algo con eso y ganaron: | +4 y +9 |
| Fueron recompensados por su ganancia: | =5 y 10 |

(¡Reinos enteros!)

Los primeros dos siervos hicieron solo lo que se les pidió, *y se fueron con reinos a su entera disposición*. Y ni siquiera tuvieron que arriesgar su propio dinero. ¡Fantástico!

Todo tiene que ver con la actitud. La actitud del tercer hombre fue: *nada arriesgo, nada pierdo,* dejando completamente fuera un factor llamado *obediencia*. La actitud de los otros dos siervos fue: *si no arriesgo, no gano,* la actitud de ganadores obedientes.

El tercer hombre nos da una pista de la razón que terminó con la misma miserable mina con que comenzó. Lucas 19:20-21 reza: «Señor, aquí tiene su dinero; lo he tenido guardado, envuelto en un pañuelo. Es que le tenía miedo a usted». ¡Le tenía miedo a su señor!

## Un espíritu de temor

¿Qué le ocurrió a aquel tercer hombre? ¿Qué lo desvió de su curso tanto que desobedeció a su señor, perdió lo que se le había dado y fue excluido de gobernar un reino? *Temor.* Recuerde, el señor no *sugiere* meramente que sus siervos hagan negocio, se lo *ordenó*. Pero sea que actúe por temor, o que *no actúe* por temor, el tercer hombre se alejó de las bendiciones, el honor y una gran recompensa.

El *temor* le condujo a desobedecer.

El *temor* le causó pérdida.

El *temor* le convirtió en un hombre avergonzado y desdeñado.

El *temor* puede aun haber arruinado su vida entera, si no aprendió de la experiencia.

Es interesante observar cómo partes y tramos de la verdad bíblica son transferidos en diferentes culturas. Mi abuela solía guardar el dinero en un pañuelo. Nunca parecía tener demasiado cuidado de su cartera; si alguno la tomara se frustraría. Para sacarle el dinero a la abuela, tenía que ponerle las manos encima. Pienso que es un requisito de todas las abuelas tener un lugar seguro para atesorar su efectivo. Es una regla de la abuela: *Poner el dinero en un lugar seguro en alguna parte de su persona.* La mía envolvía el suyo en un pequeño pañuelo, y cuando yo necesitaba comprar algo, me decía: «Espera un minuto, niño», y se daba vuelta hurgando en algún lugar entre sus ropas. «Espera un minuto, cariño. Ya estoy contigo». Ella escondía su dinero para gastos, guardándolo seguro y a mano.

El tercer siervo, por otra parte, escondió el dinero con un temor desmedido. Su señor puede haber sido severo, pero no hay indicios en el texto que hubiese anteriormente exhibido una actitud de crueldad, enojo o violencia con alguno de sus siervos. En realidad, ninguno de los otros siervos expresó algún temor de él; verdaderamente, parecía ser de naturaleza muy generosa.

El temor es una de las razones principales por la que mucha gente no maneja su dinero correctamente. No importa en qué nivel económico esté; el temor puede ser un problema si usted gana 5.000 dólares al año, 50.000 dólares o 500.000 dólares al año. Mucha gente teme que perderá lo que tiene, así que en lugar de invertirlo, se aferra a él una vez obtenido. Eso es exactamente lo que hizo el tercer hombre. Se sentó sobre él. El hombre tenía solo una mina, pero ese era el caso de todos los demás. En vez de moverse en fe e invertirla, se aferró a ella en el temor de perderla. Estaba atemorizado. Atemorizado de invertir. Atemorizado de obedecer. Atemorizado de intentar. Es posible que no hubiese sido enseñado, o que no prestó atención cuando le enseñaron, o quizá no entendió cómo manejar el dinero. A pesar de todas las posibles excusas, estaba aún atemorizado de decir lo que pensaba cuando el señor les dio sus instrucciones.

Dios no nos ha dado un espíritu de timidez, sino de poder, de amor y de dominio propio (ver 2 Timoteo 1:7). Dominio propio se refiere a disciplina. La frase viene de la palabra griega *sophronismos,* que tiene que ver con auto-control, moderación y disciplina. Rechace el temor. Bájese del bote en obediencia y fe: *Dios no dejará que se ahogue.* Además, ¡es *fácil* seguir, trabajar y entender el proceso de Dios para la prosperidad económica! ¿Por qué? Porque:

## ¡El dinero hace la tarea!

*Se presentó el primero, diciendo: «Señor, tu mina ha ganado...»*
*Llegó otro, diciendo: «Señor, tu mina ha producido...»*
LUCAS 19:16,18 (RVR 1995, ÉNFASIS AGREGADO)

Me atrevo a deducir que solo el uno por ciento de la población de América (aquellos que son económicamente los más seguros) ha aprendido algo que el otro noventa y nueve por ciento no ha hecho. La lección está claramente explicada en el texto de Lucas 19, y cambiará su vida.

¿Dice el texto: «Señor, he ganado diez minas»? No. Los versículos 16 y 18 afirman: «*tu mina ha ganado*». ¡Es la mina, la libra, el *dinero mismo* que genera la ganancia! Tenga en mente la conexión entre el sujeto y el predicado:

*tu* = antecedente

*dinero* = sujeto

*ha ganado* = verbo

El verbo indica la acción del sujeto. En este caso, el dinero es el sujeto y la acción es que *ganó*. El antecedente (aquello que precede al sujeto) *no* es el siervo; es el dueño del dinero. Por lo tanto, *el dinero del señor es el que hizo la ganancia*.

El principio es esto: no fue el hombre el que logró la ganancia sino que fue el *dinero. El dinero hace más dinero.* Los dos primeros siervos sabían esto, por lo que dijeron a su señor: «Tu dinero ha ganado...»

La prosperidad es la diferencia entre los que tienen y los que no tienen. La diferencia entre los que tienen y los que no tienen (el uno por ciento y el otro noventa y nueve por ciento de este país), es que el uno por ciento ha aprendido el secreto de hacer que el dinero trabaje para ellos. La mayoría de la gente es la que no tiene, porque solo el uno por ciento de nosotros ha aprendido que uno no trabaja para hacer dinero; *hace que el dinero trabaje*. La diferencia entre los dos primeros hombres y el tercero es que los dos primeros funcionaban a partir de este principio del reino.

La mayoría de nosotros va a la escuela por años para adquirir conocimientos para conseguir un trabajo para hacer dinero, pero pocas personas aprenden cómo hacer que el dinero trabaje. La mayoría de las personas va a la escuela para aprender cómo trabajar en una industria que les pagará dinero, pero pocos van a la escuela para aprender cómo hacer que su dinero gane dinero.

No me malentiendan. Creo en la educación. Soy maestro, soy educador, soy alumno, soy estudiante. He estado en la escuela toda mi vida y he ganado cuatro títulos a mi nombre (uno de licenciado, uno de maestro, uno de Doctor en Filosofía y un Doctorado de Ministerio). La iglesia que pastoreo provee becas. Tengo a dos de mis hijos en la universidad y otro que estará llegando allí. Creo en la educación, pero tenemos que entender que vivimos en un sistema mundano que está estructurado para perpetuar, aun *anticipar*, la mediocridad. Es un sistema adaptado para mantener a la gran mayoría lejos de los beneficios que provienen del buen ejercicio de una sabia mayordomía económica.

Debemos comenzar a aprender el principio bíblico de hacer que el dinero trabaje para nosotros, y no meramente cómo trabajar para hacer dinero.

## Es un principio del reino

Hay cristianos que proclaman que a ellos no les importa el dinero. No tomaré tiempo en tratar con ellos. (Verifiquen con ellos el primero y el quince de cada mes y vean si aún no les importa). Trataré el mito que algunos han aceptado que es necesario trabajar más intensamente para ganar más dinero. Una novedad: ¡Es posible trabajar con mayor intensidad y aún tener problemas de dinero!

El objetivo no es trabajar más para hacer más dinero; el objetivo es *hacer trabajar el dinero* de manera que uno pueda ser liberado para hacer lo que Dios lo ha llamado a hacer en su reino sobre la Tierra. «Hacer negocio» significa *invertir*. En lugar de trabajar para hacer dinero, necesitamos hacer que el dinero trabaje para nosotros, invirtiéndolo. Trabajar más no es lo que resuelve los problemas de dinero. Aun una mejor educación no garantiza la estabilidad económica. Esto no significa decir que esas cosas no son importantes, sino que lo más importante no es cómo uno gana su dinero sino lo que hace con él.

Este es un principio del reino. No es un capricho o una teoría. La misma Biblia que proclama la salvación también plantea el principio de que el dinero es para ganar dinero. Como enseñanza bíblica, podemos confiar en este principio porque su autor es Dios mismo, la fuente de toda riqueza.

**Nota:**
1. James Strong, *Strong's Hebrew Lexicon* (Nashville, TN: Thomas Nelson Publishers, 1984), Hebrew no. 4397 *(mela'kah)*

CAPÍTULO 3

# La fuente de toda riqueza

*Pues míos son los animales del bosque, y mío también el ganado de los cerros. Conozco a las aves de las alturas; todas las bestias del campo son mías. Si yo tuviera hambre, no te lo diría, pues mío es el mundo y todo lo que contiene.*

SALMO 50:10-12

¿Se ha detenido alguna vez a pensar acerca de las palabras que usa? Cantidad de veces lanzamos palabras sin realmente pensar en lo que significan. Veamos una palabra en particular: «riqueza».

«Riqueza» no es solo otra palabra para «dinero» o «abundancia». Riqueza es cuando algo más que nuestras necesidades son satisfechas, cuando hay una abundancia de provisiones por encima de nuestras necesidades. Es cuando nos ha quedado más dinero al terminar el mes que más mes al terminar nuestro dinero.

La riqueza es el plan ideal de Dios para nosotros. Y se puede alcanzar si seguimos su plan.

## Sustentabilidad

La capacidad de sobrevivir muchos días en el futuro sin una entrada fija es lo que se define como verdadera riqueza. Por ejemplo, el principal edificio de nuestra iglesia, Iglesia Bíblica Central Fiel [Faithful Central Bible Church], es el Gran Foro Oeste [Great Western Forum] (sitio original del equipo de básquet, Los Lakers de Los Ángeles). El Foro fue construido con un diseño arquitectónico llamado domo geodésico. Este diseño estructural fue patentado en 1954 por un hombre llamado Buckminster Fuller, que se hizo millonario por esta patente. Pudo vivir el resto de su vida sin tener que trabajar para vivir, simplemente de las regalías pagadas por los constructores que empleaban las técnicas de su patente.

La capacidad de Fuller de vivir el resto de su vida de los ingresos generados por su patente es «sustentabilidad», es riqueza. O considere a alguien como el cantante de «country» Garth Brooks, un músico altamente exitoso. Dudo que sus nietos futuros puedan gastar todo su dinero. O el jugador de básquet súper estrella Michael Jordan. Recuerdo haber leído en un artículo de noticias que cuando se retiró, nunca tuvo que trabajar otro día en su vida.

¿Cuánto tiempo podría usted sobrevivir si dejase de trabajar de inmediato? ¿Se ha esclavizado a un sistema que requiere que se mantenga trabajando, sí o sí? ¿Cuánto puede durar? ¿Cuántos sueldos podría usted no cobrar antes de que le afecte? Riqueza es la habilidad para sostenerse y sobrevivir. Más específicamente, es la capacidad de poder pagar sus cuentas sin tener que ir a trabajar para ganar un ingreso. ¡Si usted no está en condiciones en este momento de dejar el trabajo y sostenerse por el resto de su vida, es posible lograrlo!

Basado en ejemplos como el de Michael Jordan o Garth Brooks, usted puede pensar que no puede tener riqueza a menos que esté ganando millones de dólares, pero esto no es necesariamente cierto. La riqueza no surge de los sueldos; surge de los *recursos*. Si usted ve el salario de la mayoría de la gente rica, se sorprendería. La mayoría no tiene grandes ingresos; ellos saben cómo hacer que el dinero que tienen trabaje para ellos. Su dinero no está en sus salarios; está en sus inversiones. Han aprendido cómo hacer que sus recursos trabajen para ellos, como hacer que su dinero gane más dinero. Saben la diferencia entre recursos e ingresos, y permiten que sus recursos ganen el ingreso. Usted puede hacer lo mismo.

Recuerde, no se trata de cuánto dinero gana con su trabajo; ¡es cuánto trabaja su dinero para usted! Este es el tema que deseo que absorba durante el curso de este estudio.

## A quién pertenece todo

Riqueza habla de aquello que tiene valor intrínseco. Para apreciar en verdad la riqueza, tiene que reconocer su origen. Ese origen es Dios: «Mía es la plata, y mío es el oro, afirma el Señor Todopoderoso» (Hageo 2:8).

La Escritura anterior, la del comienzo de este capítulo (Salmo 50:10–12) y muchos otros versículos en la Biblia hablan de Dios como el dueño de todas las cosas de valor. Plata. Oro. Las bestias salvajes del bosque y el campo. El ganado. Los rebaños sobre miles de montes. De todas las cosas de valor, él es el dueño. En última instancia, Dios controla y asigna toda riqueza. El Salmo 50:12 lo resume cuando Dios dice: «Mío es el mundo y todo lo que contiene».

Luego encontramos esta inquietante declaración de Dios: «Recuerda al SEÑOR tu Dios, porque es él quien te da poder para producir esa riqueza» (Deuteronomio 8:18). ¡No solamente crea Dios lo que tiene valor, sino que también equipa a sus hijos para conseguirlo! La Escritura no dice: «Dios es *uno de aquellos* que les da poder para obtener riqueza». Tampoco dice: «*Una fuente* para obtener el poder de ganar riqueza es Dios» o «Dios es *una manera* de obtener riqueza». La Biblia dice que *es ÉL*. Muchos cristianos olvidan esto. Cuando ganan o reciben dinero, piensan que es de ellos porque lo ganaron con su trabajo. Pero es Dios quien permitió que obtuvieran ese dinero. Solo Dios. Él es la fuente, tanto de la riqueza en sí como de nuestra habilidad para lograrla.

Usted no recibiría un entrenamiento en la compañía Boeing para aprender como construir una honda. No va a un minero de carbón para conocer los elementos básicos del zapateo americano. No llama a un pintor para aprender cirugía. ¡Y no se sienta con un bebé de dos años para aprender física cuántica, sea como sea! Si usted desea aprender acerca de riqueza y el poder para crearla u obtenerla, usted va a la fuente: Dios.

Así que, vayamos a la fuente y descubramos lo que tiene que decir acerca de riqueza.

CAPÍTULO 4

# El corazón de Dios: Bendecir a sus hijos

En la parábola de las minas (ver Lucas 19), el señor dio a sus siervos lo que debía ser multiplicado. Les dijo: «Tomen esto e inviértanlo por mí mientras estoy lejos». No era para ser regalado, no era para ser comido, no era para ser gastado y no era para ser compartido con sus amigos. Era para ser *multiplicado*. En otras palabras: *tomen este importe y tráiganme un beneficio con él*. No lo atesoren en una caja de depósitos segura. No lo entierren en el patio del fondo. No lo pongan debajo del colchón. *Multiplíquenlo*. ¿Por qué? Para extender el reino en el mundo.

Extender el reino de Dios en el mundo extiende su influencia en el mundo. Expandir la influencia de Dios en el mundo aumenta su visibilidad en el mundo. Aumentar la visibilidad de Dios en el mundo da más oportunidad de bendecir a otras personas en el mundo... Y bendecir a otras personas en el mundo los trae a ellos, y a nosotros, más cerca del corazón de Dios.

Para hacer todo esto, Dios ha introducido un sistema, un proceso.

El pasaje siguiente revela el modelo notablemente simple de comercio de Dios. Describe a Dios como proveedor y multiplicador de la abundancia y como el receptor de la gloria. Describe a los seguidores de Dios como receptores y distribuidores de la abundancia y como administradores del servicio. Note como un componente conduce y edifica sobre el próximo:

> Dios puede hacer que toda gracia abunde para ustedes, de manera que siempre, en toda circunstancia, tengan todo lo necesario, y toda buena obra abunde en ustedes [de modo que]... el que le suple semilla al que siembra también le suplirá pan para que coma, aumentará los cultivos y hará que ustedes produzcan una abundante cosecha de justi-

cia [que ocurrirá cuando] ustedes [sean] enriquecidos en todo sentido para que en toda ocasión puedan ser generosos, y para que por medio de nosotros la generosidad de ustedes resulte en acciones de gracias a Dios. Esta ayuda que es un servicio sagrado no solo suple las necesidades de los santos sino que también redunda en abundantes acciones de gracias a Dios (2 Corintios 9:8,10–12).

## Las cinco bendiciones de Dios respecto al dinero

El pasaje anterior nos revela las cinco bendiciones ordenadas por Dios con respecto al dinero, es decir, la manera en que él usa el dinero para bendecir a sus hijos: (1) como semilla para el sembrador;(2) para proveer pan; (3) para multiplicar la semilla que es sembrada; (4) para aumentar los frutos de nuestra justicia; y (5) para dar. Examinemos estas bendiciones:

### Bendición 1: Suplir semilla para el sembrador
«Semilla» puede tener varios significados diferentes:

*Hijos*: Los hijos son «la semilla» a través de la cuál la línea familiar continúa. A través de los hijos, la familia se expande y crece. Un ejemplo se encuentra en la historia de Abraham y la promesa que Dios le dio: «Multiplicaré a tus descendientes como las estrellas del cielo, y les daré todas esas tierras. Por medio de tu descendencia todas las naciones de la tierra serán bendecidas». (Génesis 26:4)

*La Palabra de Dios*: La Palabra de Dios es «semilla» en el sentido que causa crecimiento espiritual en los corazones de aquellos que la oyen y la reciben. Lucas 8:11 afirma: «Éste es el significado de la parábola: la *semilla* es la palabra de Dios» (énfasis agregado)

*Dinero*: En este contexto, la semilla es lo que Dios nos da dentro de la economía de la cultura actual. Es el medio de intercambio en nuestra sociedad. Este es el significado encontrado en 2 Corintios 9:10 donde Pablo escribe: «el que le suple *semilla* al que siembra también le suplirá pan para que coma, aumentará los cultivos» (énfasis agregado).

### Bendición 2: Proveer pan

El siguiente pasaje demuestra la profundidad del cariñoso amor de Dios hacia nosotros por medio de su incesante provisión:

> Por eso les digo: No se preocupen por su vida, qué comerán o beberán; ni por su cuerpo, cómo se vestirán. ¿No tiene la vida más valor que la comida, y el cuerpo más que la ropa? Fíjense en las aves del cielo: no siembran ni cosechan ni almacenan en depósitos; sin embargo, el Padre celestial las alimenta. ¿No valen ustedes mucho más que ellas? ¿Quién de ustedes, por mucho que se preocupe, puede añadir una sola hora al curso de su vida?
>
> ¿Y por qué se preocupan por la ropa? Observen cómo crecen los lirios del campo. No trabajan ni hilan; sin embargo, les digo que ni siquiera Salomón, con todo su esplendor, se vestía como uno de ellos. Si así viste Dios a la hierba que hoy está en el campo y mañana es arrojada al horno, ¿no hará mucho más por ustedes, gente de poca fe?
>
> Así que no se preocupen diciendo: «¿Qué comeremos?» o «¿Qué beberemos?» o «¿Con qué nos vestiremos?» Porque los paganos andan tras todas estas cosas, y el Padre celestial sabe que ustedes las necesitan. (Mateo 6:25–32)

En la homilía anterior, Jesús nos está diciendo, «No tropiecen. No estén ansiosos, no calculen, no se confundan, no se preocupen acerca de cómo van a hacer mañana. No tropiecen en ello». Como ejemplo de la provisión y amor de Dios, dice: «Observen alrededor. Miren esas flores. Miren esos lirios en los campos; nada en la creación de Dios está más espléndidamente arreglado que ellos». Él provee aun para los lirios del campo. Y dice: «¿Ves ese pequeño gorrión ahí? ¿Ves aquella ave en el aire? No siembran, no cosechan, no tropiezan, y Dios aún les provee».

Escuchamos en muchas iglesias en estos días acerca de *la fe que mueve montañas*. «Dile a la montaña, "¡Montaña, muévete!"». Hay una cantidad de gente hablando a montañas que *nunca* van a moverse. La fe para mover montañas es grande, pero algunas veces Dios simplemente no va a mover algunas montañas para nosotros. ¿Por qué? Porque desea darnos la fortaleza, la capacidad, la experiencia para *escalar* algunas de aquellas montañas. En otras ocasiones, desea enseñarnos paciencia para esperar que él mueva las montañas en su momento oportuno. O puede desear enseñarnos a atravesar, pasar por debajo o por arriba de algunas montañas por nuestra cuenta.

La fe que mueve montañas implica una fe muy grande, pero lo que Dios desea que tengamos es la fe de un gorrión, que es una fe simple y humilde que tranquilamente confía en Dios para proveer sus necesidades. Dijo Jesús: «Observen a los gorriones». La esencia de la fe en Dios como el Dios amante que nos provee no se ve en la imagen de la persona que tiene fe suficiente para mover montañas, sino en la de la persona que tiene fe como un gorrión.

Los gorriones generalmente no se sientan en la rama de un árbol y enfocan el intenso poder de su gran fe en un trozo de granito delante de ellos, de tal manera que se moverá y mostrará los jugosos gusanos que hay debajo. No, ellos tienen fe de gorrión: la simple confianza y fe en Dios como su fuente y proveedor. Es así. No es profundo. No es complicado. Es la imagen de un pequeño gorrión, un pequeño pájaro que existe porque simplemente *tiene que* confiar en su creador para proveer sus necesidades. Jesús nos está diciendo que *esta* es la clase de fe que necesitamos. Una fe calma, segura. La fe para confiar en Dios como nuestra perfecta fuente y el proveedor de todas las cosas, en todo tiempo, sin preocuparnos porque, como leemos en Filipenses, «la paz de Dios, que sobrepasa todo entendimiento, cuidará sus corazones y sus pensamientos en Cristo Jesús» (Fil.4:7).

Cuando estaba en la Marina, a menudo tenía que realizar una guardia. Había un perímetro vallado por el que debíamos patrullar en la oscuridad. Era muy tarde en la noche. La iluminación era escasa. Si alguien se aproximaba a mi puesto de guardia o al área que estaba vigilando, tenía que confrontarlo diciendo, «¡Alto! ¿Quién anda ahí?» Esas eran mis órdenes generales, demandar la identificación a cualquiera que estuviera intentando entrar a la base. Al ordenarles que se identificasen, estaba estableciendo mi autoridad sobre ellos, y tenían que cumplir con mis órdenes de identificarse. Una vez que yo mismo me identificaba y escuchaba a ellos identificarse, tenía que determinar si iba a dejarlos pasar o no, o debía enviarlos de vuelta; no podía dejarlos merodeando en el área. Esa es la obligación de alguien que está de guardia.

El apóstol Pablo escribe en Filipenses que la paz de Dios marchará haciendo guardia alrededor de nuestro corazón y nuestra mente y cuando el enemigo se acerque, la paz de Dios dirá: «¡Alto! ¿Quién anda ahí? Yo represento a Dios. ¿Quién eres tú?» Si es la paz la que está queriendo entrar, Dios dirá: «Entra, paz». Si es el gozo, dirá: «Ven aquí, gozo». Si es una mentalidad sana, dirá: «Bienvenida, mente sana». ¡Misericordia, felicidad, amor, vengan! Pero si es sufrimiento, dolor o preocupación, el guardia —la paz de Dios— dirá: «¡No!

Tú no puedes merodear por aquí; ésta es propiedad de Dios. Sal de aquí». Si es el enemigo, dirá: «Tú no puedes entrar aquí. Esto es posesión de Dios. Ni se te ocurra».

La contraseña para entrar es, «¡Amén y aleluya!». La paz de Dios sobrepasa todo entendimiento, y Dios provee todas nuestras necesidades; la preocupación no puede entrar, porque Dios está en guardia.

> Fíjense cómo crecen los lirios. No trabajan ni hilan; sin embargo, les digo que ni siquiera Salomón, con todo su esplendor, se vestía como uno de ellos. Si así viste Dios a la hierba que hoy está en el campo y mañana es arrojada al horno, ¡cuánto más hará por ustedes, gente de poca fe! Así que no se afanen por lo que han de comer o beber; dejen de atormentarse. El mundo pagano anda tras todas estas cosas, pero el Padre sabe que ustedes las necesitan (Lucas 12: 27–30).

No tenemos que manipular a Dios para que nos provea las necesidades. No tenemos que tratar de razonar o intimidar o lloriquear o quejarnos o persuadirle. No tiene que convencerlo ni una pizca para que lo bendiga; ¡de cualquier manera usted no lo merece! Dios no da porque nosotros...

Dios no da porque *nosotros*...

¡Dios no da porque *nosotros nada*! Dios da porque *Él* es un dador. Es parte de su naturaleza dar. Es parte de la esencia de su carácter. Es un desborde de su amor. Él ama tanto que da. No puede dejar de dar como tampoco puede dejar de amar.

Dios revela su misma naturaleza a través de sus nombres. En realidad, Dios es conocido por el nombre *Jehovah-Jireh,* que significa «el Señor proveerá». Como proveedor, Dios no solo satisface algunas de nuestras necesidades, sino *todas* nuestras necesidades:

> Así que mi Dios les proveerá de *todo* lo que necesiten, conforme a las gloriosas riquezas que tiene en Cristo Jesús (Fil 4:19).

El verbo «proveer» en el versículo anterior significa *llenar.* Dónde hay vacío, un hueco, «proveer» significa llenarlo. Es la misma palabra que sería usada para describir una red de pescador que «se llena» de peces. El vacío de la red es llenado con una provisión de peces. Cuando estamos vacíos, Dios es el proveedor que nos llena.

### Bendición 3: Multiplicar la semilla que es sembrada.

2 Corintios 9:10 afirma: «El que le suple semilla al que siembra también le suplirá pan para que coma, aumentará los cultivos». Esto indica que la semilla que usted *ya sembró* es también multiplicada. La inferencia es que usted tiene que sembrar la semilla primero antes que Dios la multiplique.

En la primera instancia Pablo usa la palabra «semilla», traducida del griego *sperma*, que significa «algo que se siembra», tal como un esperma masculino, que genera prole. Esto significa que la semilla que se siembre tiene vida.

Sin embargo, la semilla que Dios multiplica aparece en el texto como «cultivos», de la palabra griega *sporran*, que se refiere a lo que ya ha sido sembrado. Él no multiplica la semilla que *guardamos*, porque una vez que usted la pone en el banco, la estaciona en el sistema de este mundo. Tiene que sembrarla primero, y luego será multiplicada.

Cuando Dios nos da semilla, estamos llamados a sembrarla. La semilla que sembramos opera siempre bajo la ley del sembrador. Hay tres aspectos de la ley del sembrador:

1. Solo se cosecha *lo que* se siembra.
2. Solo se cosecha *luego* de sembrar.
3. Siempre se cosecha *más* de lo que se siembra.

El reino de Dios opera dando y recibiendo, en oposición al sistema del mundo, que opera comprando y vendiendo. En el mundo, usted obtiene valor adicional del interés. Pero en el reino de Dios, él no *agrega* simplemente interés a lo que usted siembra, lo *multiplica*. La bendición de la multiplicación viene de lo que ya ha sido sembrado.

Aquí está la parte intrigante: Dios nos da semilla para nuestra necesidad, pero no se detiene allí. Continúa derramando más y más; ¡nos lleva a la *abundancia*! Nuestra bendición es una *multiplicación* de lo que sembramos. Y ya que *usted* determina cuánto siembra, *usted* realmente determina cuánto cosechará. Así que, si siembra poco, obtiene poco. Si siembra mucho, obtiene mucho. Si no siembra nada… correcto, no obtiene nada. (¡Recuerde al tercer siervo!)

> Y Dios puede hacer que toda gracia abunde para ustedes, de manera que siempre, en toda circunstancia, tengan todo lo necesario, y toda buena obra abunde en ustedes (2 Corintios 9:8).

En este versículo, el término «lo necesario» significa «sin necesidad de asistencia». Dios es capaz de traernos a un punto de suficiencia. En otras palabras, un estado en el cuál no necesitamos otra asistencia. Significa que Dios se convierte en nuestra completa suficiencia. A causa de lo que su gracia dispara y libera en nuestras vidas, no tenemos más necesidad de ayuda. En otras palabras, tiene dentro suyo todo lo que necesita porque la gracia de Dios lo puso ahí.

Así es como se lee el texto en la *Nueva Versión Revisada* en inglés: «Dios es capaz de proveerles con toda bendición en abundancia, de tal manera que teniendo siempre suficiencia de todas las cosas, puedan compartir abundantemente en toda buena obra». Simple. Al punto. Claro. Poderoso.

Dios dice que es su deseo que toda necesidad que alguna vez tengamos la satisfagamos en él, de manera que no tengamos ninguna necesidad fuera de él. No todos aceptan esa gracia. No todas las personas eligen atenerse a la gracia de Dios. Pero Dios dice que nuestra relación con él es tan importante para él que es el deseo de su corazón satisfacer toda necesidad que podamos enfrentar. Suficiencia habla de un contentamiento psicológico y una satisfacción emocional, porque sabemos que nunca enfrentaremos una necesidad que no pueda ser suplida por nuestro Padre. Implica paz. Cuando Dios dice «todo lo necesario», significa que usted tiene todo resuelto. Está contento. Entonces puede enfocarse en dar a otros, a aquellos en necesidad.

## Bendición 4: Aumentar los frutos de nuestra justicia

Dios no se detiene en la mera suficiencia; ¡da en *abundancia*! 2 Corintios 9:8 expresa el deseo que «toda buena obra abunde en ustedes». Podemos estar tranquilos cuando ponemos nuestra confianza en él, porque es un Dios de abundancia, que no es afectado por las provisiones finitas.

El reino de Dios opera dando y recibiendo, mientras el sistema del mundo opera comprando y vendiendo. El sistema del mundo, que está controlado por el espíritu del dinero, opera sobre el principio de que hay una provisión finita, una escasez, de bienes y que esos bienes deben ser por lo tanto rigurosamente controlados solo por unos pocos, los que tienen, que están empeñados en el doble objetivo de ganar más para acaparar y mantenerlo fuera del alcance de los que no tienen. El principio detrás de la operación del sistema del mundo es que *solo hay cierta cantidad*, pero el principio detrás de la operación del reino de Dios es que *hay abundancia*. Este principio es revelado en la progresión del texto completo de 2 Corintios 9:8–12, como un movimiento de un grado al siguiente.

El objetivo de Dios no es mera suficiencia, sino abundancia. Dios desea ir más allá de simplemente satisfacer sus necesidades y bendecirle abundantemente. Él nos lleva de un nivel de provisión (que está representado en nuestra relación con él) al próximo. Cuando encaramos un nivel, cuando nos acercamos más a él en confianza, amor y obediencia, nos movemos al próximo nivel. El objetivo de Dios no es hacernos meramente suficientes, sino liberar favor y gracia para que «podamos abundar». En otras palabras, que podamos tener *abundancia*.

Así es como las diferentes versiones traducen 2 Corintios 9:8 (énfasis agregado):

- Dios puede hacer que toda gracia abunde para ustedes, de manera que siempre, en toda circunstancia, tengan todo lo necesario, y toda buena obra abunde en ustedes *(NIV)*.

- A fin de que teniendo siempre todo lo suficiente en todas las cosas, abundéis para toda buena obra *(Biblia de las Américas)*.

- Para que tengan siempre todo lo necesario y además les sobre para ayudar en toda clase de buenas obras *(Dios habla hoy)*.

- Que usted poseerá suficiente para no requerir ayuda o respaldo y estará provisto en abundancia para toda buena obra y donación caritativa *(Versión ampliada)*.

- Poderoso es Dios para compensarles con creces y de tal manera que no sólo tengan para satisfacer las necesidades propias sino también para dar con alegría a los demás *(Biblia al Día)*.

La revelación es que *Dios desea ser su fuente*. Cada vez que buscamos o esperamos que algo o alguien más supla cualquiera de nuestras necesidades, hemos profanado nuestra relación con Dios, que dice: «Yo soy el que cubre tus necesidades aquí; yo soy el que bendice».

¿Dónde hay un hombre que tema al Señor? Dios le enseñará a elegir lo mejor. Vivirá rodeado de las bendiciones de Dios...» (Salmo 25:12–13, *Biblia al Día*).

Si Dios cumple con el texto que ha revelado en 2 Corintios 9, lo llevará más allá de la suficiencia a la abundancia, bendiciéndole por encima de su necesidad. Entonces, cuando sus semillas sembradas sean multiplicadas, comenzará a vivir «rodeado de las bendiciones de Dios», que es donde Dios desea que vivamos. Rodeado así, toda necesidad y toda obligación es plenamente provista.

Imagine ese círculo como el borde de una taza. Hay un punto en el cuál todas las necesidades son satisfechas; la taza está llena; ¡pero *él sigue vertiendo*! Y mientras él vierte, nos empapamos con el desborde.

De acuerdo con la Escritura, estas bendiciones son variadas en alcance y contenido. Además de las bendiciones económicas, incluyen:

- *Sabiduría y conocimiento:* «¡Qué profundas son las riquezas de la sabiduría y del conocimiento de Dios!» (Romanos 11:33).

- *Entendimiento:* «Pido también que les sean iluminados los ojos del corazón para que sepan a qué esperanza él los ha llamado, cuál es la riqueza de su gloriosa herencia entre los santos» (Efesios 1:18).

- *Gracia y bondad:* «Para mostrar en los tiempos venideros la incomparable riqueza de su gracia, que por su bondad derramó sobre nosotros en Cristo Jesús» (Efesios 2:7).

- *Ánimo:* «Quiero que lo sepan para que cobren ánimo, permanezcan unidos por amor, y tengan toda la riqueza que proviene de la convicción y del entendimiento. Así conocerán el misterio de Dios, es decir, a Cristo» (Colosenses 2:2).

Cuando vivimos en el círculo de las bendiciones de Dios, todas estas bendiciones se hacen nuestras. Su sabiduría y conocimiento, su entendimiento, su gracia y bondad, su ánimo y aún el conocimiento del misterio de Dios. En otras palabras, todas nuestras necesidades son satisfechas por él. Nos provee abundantemente, por encima y más allá de nuestras necesidades básicas, de manera que estamos verdaderamente viviendo en el desborde de sus bendiciones. Abundancia significa por encima, más que suficiente, más allá de nuestras necesidades.

Voy a ir por el desborde. Deseo vivir en la abundancia. No deseo que mi familia viva estrechamente, de las sobras de día en día. No deseo estar mendigando y suplicando. ¡Quiero estar en una posición donde Dios me mueva de la suficiencia al desborde! ¡Y no solo para mí, sino que en razón de que estoy en el desborde, estoy en el territorio del reino y él puede usarme como un canal para hacer un giro y bendecir a otros en su reino!

### Bendición 5: Dar

En 2 Corintios 9:6–7, Pablo escribe: «Recuerden esto: El que siembra escasamente, escasamente cosechará, y el que siembra en abundancia, en abundancia cosechará. Cada uno debe dar según lo que haya decidido en su corazón, no de mala gana ni por obligación, porque Dios ama al que da con alegría».

El dinero tiene importancia cuando es usado como un recurso a ser liberado, más que como una mercancía a ser acumulada. Una de las mayores decisiones financieras que usted hará en su vida es cómo manejará el desborde de Dios. Desafortunadamente, la mayoría de las personas consume la abundancia en ellos mismos. El dios Mamón interviene e influye en algunas personas de tal manera que transforma su necesidad en codicia. Pero Dios es claro en cuanto a cómo debemos manejar el desborde: ¡Tenemos que tomar estas bendiciones y darlas para cubrir las necesidades de otros, y hacerlo con alegría!

Todos tienen necesidades: necesidad de comida, necesidad de alojamiento, necesidad de vestimenta, etc. Hay también obligaciones particulares de cada uno. Por ejemplo, mi hermana, mi hermano, y yo tenemos una obligación para con nuestra madre (quien al momento de escribir esto tiene 91 años). No estamos confiando que otro haga este trabajo; ni el presidente en la Casa Blanca, ni el gobernador, ni el alcalde. Dependemos el uno del otro para cuidar a nuestra madre. Esa obligación se ha convertido en una necesidad para nosotros, una necesidad de ministrar y servir a nuestra madre. Si Dios no nos bendice a un cierto nivel, no estaremos en condiciones de cumplir tal obligación. Suficiencia es lo que nos capacita para satisfacer nuestras necesidades personales y obligaciones, que incluyen proveer para nuestra madre. No puedo confiar que algún congresal se haga cargo de mi madre. Ningún senador sufrió algún dolor para traerme al mundo. *Yo* voy a hacerme cargo de mi madre. Es mi tarea, mi obligación. Y aquí es donde el desborde de Dios entra en el cuadro.

Dios dice que es el *reino* el que ha de ser bendecido por su desborde. Esto es, las necesidades de otros en el reino, aquellos cuya copa no está tan llena como la suya, cuya cosecha no fue tan abundante como la suya. Desborde es cuando Dios dice: «Te bendigo. Ahora deseo usarte para bendecir a alguien más». Dios no le bendice solo para darle un auto nuevo y una casa más grande y una cuenta más abultada en el banco. Lo bendijo para satisfacer sus necesidades, para comenzar a llevar a cabo algunos deseos de su corazón, para dar para la extensión de varios ministerios y *para bendecir a las personas que tienen necesidades.*

Tristemente, la mayoría de la gente nunca alcanza el desborde, o una vez que lo hace, consume el desborde en sí misma. La teología contemporánea de prosperidad ha envenenado mucho del espíritu de la iglesia hoy, de forma que nos hemos convertido en narcisistas, egoístas y tacaños cuando se trata de algo fuera de nosotros. Hemos llegado a creer que la única razón por la que Dios me bendice soy yo. Esta teología extremista de la prosperidad ha infectado la iglesia con egoísmo, ceguera y una visión estrecha, distorsionando finalmente nuestra misma relación con Dios, porque hemos comenzado a mirarle como solamente existiendo para darnos *cosas.* Lo que aparece como una relación espiritual con Dios es simplemente manipulación espiritual, nuestro intento de conseguir más cosas de él.

Por esto es que la medida de Dios no tiene que ver con el importe del cheque en su cuenta o el monto de efectivo en su sobre de ofrenda. Tiene que ver con la medida de su *corazón.* Si usted tiene un corazón para el reino, no puede evitar tener un deseo y una preocupación por la gente aparte de usted mismo.

## El negocio del reino en la Tierra

En el mundo natural, el tesoro produce tesoro. En el ámbito del espíritu, el mismo principio se mantiene cierto. El reino se expande a través del negocio del reino. «Hacer el negocio del reino» consiste en la procreación, la multiplicación y la extensión de la palabra de Dios.

Cuando usted toma la decisión de invertir, *hacer negocio,* y está preparado para sacar ventaja de las oportunidades de negocio en la medida que aparecen, ¡aparecen! Le doy un ejemplo personal.

Dios ha llamado a nuestra iglesia a hacer algo que no puede ser hecho solo a través de diezmos y ofrendas. Es mucho más grande que eso. Algunas de nuestras ofrendas son utilizadas para invertir y obtener un beneficio. Por ejemplo, el edificio de nuestra iglesia pertenece a una corporación con fines de lucro cuya propietaria es la iglesia. El edificio, que es un estadio profesional muy grande, es utilizado durante las horas fuera del uso de la iglesia para generar fondos, mediante el alquiler para uso público y comercial, como conciertos, entretenimiento familiar y eventos corporativos. Estos fondos son retornados a la empresa del reino, que para nosotros consiste de varias actividades que la Iglesia Bíblica Central Fiel realiza para extender el reino de Dios mientras simultáneamente cubre las necesidades de sus hijos.

La Iglesia Bíblica Central Fiel es un instrumento puesto en las manos de Dios para expandir la influencia de su reino en la Tierra. Hacer negocio por seguir el proceso de Dios para hacer que su dinero crezca, ha creado trabajos en nuestra comunidad, llevado comida a las mesas y dado ingresos a los trabajadores. Ha dado dinero a madres solteras para leche para sus bebés, pañales, comida y refugio. Ha ayudado a proveer hogares para familias. Todas estas necesidades han sido satisfechas a partir de un edificio que no pertenece a un propietario secular ni a una entidad corporativa sin rostro, sino a los hijos de luz, los elegidos de Dios, personas que son suficientemente audaces para darse cuenta de cuán grande es nuestro Dios y actuar en consecuencia.

De igual manera, su dinero, en cualquier nivel, grande o pequeño, está para ser utilizado para avanzar los planes y propósitos de Dios, para bendecir a sus hijos y para ser una luz de ejemplo a los no creyentes.

El beneficio nunca es para ser acumulado. Es para ser usado para expandir el reino de Dios, favorecer su gloria y extender su glorioso mensaje del evangelio. *Por ello*, somos llamados a hacer el negocio del reino aquí en la Tierra.

Por toda la nación, en todo lugar que voy, a la gente le cuesta creer que una iglesia esté siendo usada para obtener ganancia en el mundo secular. ¿Pero por qué deberían estar tan sorprendidos? Hacer negocio y obtener un beneficio es un concepto bíblico. Después de todo, ¿no dice la palabra de Dios: «Las riquezas del pecador se quedan para los justos» (Proverbios 13:22)?

El corazón de Dios es para bendecirle. Si usted le permite hacerlo, si desea buscar su corazón y seguir sus caminos, ¡él tiene una gran abundancia guardada para usted!

# Capítulo 5

# El propósito del dinero

El dinero es el medio principal que Dios utiliza para proveer nuestras necesidades materiales. Hay varios diferentes propósitos para el dinero aparte del uso obvio como un medio común de trueque o intercambio dentro de una cultura.

## Algunos de los propósitos del dinero

Los *propósitos* del dinero son diferentes de las bendiciones del dinero (aunque se relacionan), que examinamos en el capítulo previo. Veamos algunos de estos propósitos.

### Motivar a la unidad de los cristianos

Dios usa el dinero como una forma de motivar la unidad de los cristianos. En la medida que usamos el dinero para bendecir a otros, nos unimos en un objetivo común, que anima y promueve la unidad dentro del cuerpo de Cristo. Como un resultado de la unidad, los que tienen mucho compartirán con los que tienen poco.

Creo que el sistema de asistencia social en América existe porque la iglesia no está haciendo más la tarea de cuidar el rebaño de Dios. Aparte de unas pocas organizaciones de caridad y esfuerzos misioneros que no involucran un exorbitante porcentaje de los gastos generales operativos, los cristianos rara vez se ocupan de la gente indigente o lastimada. Raramente proveen para aquellos que están luchando o sufriendo. Rara vez buscan a los que están en necesidad. Están demasiado ocupados en ellos mismos, sus anhelos, sus necesidades, su «plan personal de cinco años».

Uno de los mayores usos de los impuestos estatales y federales a los ingresos es para proveer para las necesidades de asistencia social de la gente.

Si los cristianos estuviéramos haciendo nuestro trabajo mejor, quizá nuestro gobierno no tendría que intervenir. El sistema de asistencia social ahora se ha convertido en la norma, pero no solía ser de esta manera en el pasado (ver Hechos 2:45; 4:35).

El enemigo ha logrado cambiar actitudes y valores al punto que somos una cultura con una mentalidad de *todos para sí mismo* y un concepto del dinero de *atesorar y acumular*. Esto no debe ser. La iglesia debe estar unida y cuidar cada uno del otro, y usar el dinero para bendecir y ayudar a los que están a nuestro alrededor.

### Para manifestar el poder de Dios

Leemos en Deuteronomio: «Recuerda al Señor tu Dios, porque es él quien te da el poder para producir esa riqueza; así ha confirmado hoy el pacto que bajo juramento hizo con tus antepasados» (8:18). Este versículo establece un recordatorio de que cualquier cosa que tengamos, la tenemos solo porque Dios nos dio el poder para obtenerla. Cualquier forma de ingreso que logre, la ha logrado porque Dios le dio la capacidad para hacerlo.

La iglesia de Laodicea negaba su necesidad de Dios (véase Apocalipsis 3:15–18). Eran pobres, miserables y necesitados, pero proclamaban que estaban bien, insistiendo en que no tenían necesidad de Dios. Es similar a cuando su hija llega a la adolescencia y comienza a pensar que no necesita a ninguno de sus padres. Ella hace la suya y encuentra prontamente que la vida es mucho más dura arreglándoselas sola, de lo que imaginaba.

Nuestras necesidades se convierten en oportunidades para Dios de que lo probemos. Cuando tenemos necesidades pero le negamos la oportunidad de proveernos, de estar disponible para nosotros, de confirmarnos su palabra, estamos negando su misma existencia.

### Para manifestar la bondad de Dios

Proverbios nos recuerda: «Confía en el Señor de todo corazón, y no en tu propia inteligencia. Reconócelo en todos tus caminos, y él allanará tus sendas» (3:5–6). Cuando confiamos en el Señor y reconocemos que él es nuestro Dios, nos dirige, nos conduce y nos guía. Él no *tiene* que hacerlo, no está *obligado*. Pero en su bondad, porque es un Dios bueno, promete dirigir nuestros pasos. Y la verdad es, por más complicado que seamos, Dios desea proveer por nosotros, cuidarnos, amarnos y ofrecernos esperanza ¡y un proceso de seguridad económica!

## Para mantener fidelidad

Dios usa el dinero como una bendición para mantener nuestra fidelidad. Él promete satisfacer nuestras necesidades y nos da los medios para hacerlo. Nos dice: «Aquí está la provisión, aquí tus necesidades son satisfechas. Yo he hecho lo que dije que haría. Realicé mi trabajo». De esta manera, el dinero es un medio por el cuál Dios demuestra *su propia* fidelidad hacia nosotros; lo usa para mostrarnos que él es fiel. Una vez que ha hecho su parte, sigue vigilando para ver si nosotros permanecemos fieles a él.

De acuerdo con Proverbios 3:6, es solo cuando le reconocemos, que él dirige nuestros pasos. Inherente a este *quid pro quo* está un desafío a serle fiel en todos los aspectos de nuestra vida, incluyendo el económico.

## Para madurar a los santos

A medida que aprendemos su proceso y confiamos en Dios para suplir nuestras necesidades económicas, crecemos en sabiduría y madurez espiritual. Este proceso de maduración es progresivo: mientras Dios suple nuestras necesidades, aprendemos a confiar más en él; y mientras descubrimos que podemos confiar más en él, nos animamos a lanzarnos a más fe y obedecerle aun más.

Estar en condiciones de mirar hacia atrás en su vida y ver el modelo de providencia de Dios para usted es un antecedente que le da una creciente seguridad de que Dios siempre ha provisto (y siempre proveerá), particularmente en la medida que usted incremente su obediencia. Este proceso de provisión conduce a una maduración en su vida y una creciente capacidad de confiar que él cuida su espalda y *siempre* hará lo que promete.

Aquí está lo que llamo el diagrama de flujo de la madurez espiritual del «Cuando – Entonces»:

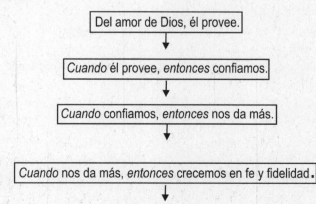

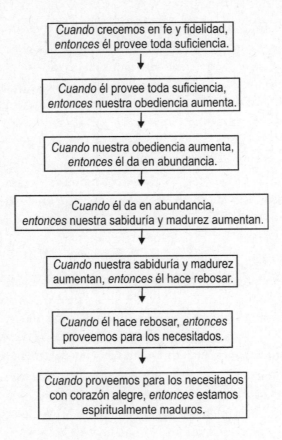

Como este diagrama de flujo indica, el dinero sirve cuando *fluye a través nuestro,* más allá de simplemente venir o quedarse con nosotros.

**Para ministrar al mundo**
El ministerio y la extensión cuestan dinero. Esta es la forma en que las cosas funcionan en este mundo. Si vamos a llevar la gente al Señor, necesitamos los fondos para hacerlo. Dios nos da la capacidad de ganar dinero para ministrar al mundo.

## ¿Quién suple sus necesidades?

Pablo nos dice que Dios es capaz de hacer que «toda gracia abunde» en nosotros y que nos da suficiencia en todas las cosas. Este es un tema repetido a lo largo de la Escritura. Se nos promete vez tras vez que nuestro Padre dirigirá nuestros pasos y suplirá nuestras necesidades. Él sabe cuales son nuestras necesidades aún antes de que las pidamos, ¡aún antes que *nosotros* sepamos cuales son!, y es capaz y está deseoso de suplir nuestras necesidades. Pero primero, él desea relación, compañerismo, con nosotros. Después de todo, no es alguien que simplemente desea que estemos bien, ¡es la *persona* que suple nuestras necesidades!

De acuerdo con Proverbios 3:6, es después que hemos confiado en el Señor con todo nuestro corazón y le hemos reconocido, que él dirige nuestros pasos y nos provee. Él provee nuestras necesidades mientras nuestro comportamiento lo glorifica. Sin embargo, aún nos provee dándonos su sabiduría (a través de la Biblia) antes que lo sigamos; si solamente tomamos la Biblia y la estudiamos. Tristemente, la mayoría de los cristianos no estudian la palabra por su cuenta, y muchos delegan su lectura bíblica a lo que el predicador dice durante 35 a 45 minutos (o menos) desde el púlpito los domingos a la mañana… ¡si asisten regularmente![1]

La pregunta es: ¿Qué necesidades lleva usted a Dios? La mayoría de las personas lleva solo las necesidades que no pueden manejar por si mismas. Las que pensamos que podemos manejar, tratamos de manejarlas por nuestra cuenta, sacando a Dios de su posición de proveedor de nuestras necesidades. ¿Cuántas veces ha pensado que podía hacerse cargo de algo por si mismo, solo para encontrarse haciendo empeorar la situación? Todos hemos pasado por eso. La solución es acercarse a Dios primero. Siempre debe incluirlo en sus asuntos, no importa si piensa que puede o no manejarlos por su cuenta. De eso se trata la relación.

## Recibir en obediencia

Su necesidad se convierte en la semilla para su milagro. Perdemos la bendición de Dios cuando rechazamos su provisión o cuando tratamos de suplir nuestras propias necesidades. Hacer eso significa que no estamos confiando suficientemente en Dios; no estamos caminando en una fe que abarca todo. Como un destacado pastor dijo una vez, «Usted no confía en Dios hasta que tiene que hacerlo». Nuestra tendencia es volvernos a Dios solo cuando nos hemos metido en un lío. Cuando «usamos» a Dios de esta manera, nuestra necesidad se convierte en nuestro único punto de contacto con él. Cuando nos negamos a que él supla nuestras necesidades actuales, dejamos de experimentar su bendición en forma regular y cotidiana y limitamos seriamente nuestra relación con él.

No es pecado tener una necesidad. El tema con Dios es cómo la satisfacemos. ¿Son sus métodos para satisfacer sus necesidades agradables a él? Algunas personas eligen caminos que deshonran a Dios. Por ejemplo, una pareja de novios puede decidir que están teniendo una agobiante dificultad económica, así que deciden vivir juntos, usando la excusa que de esa manera juntan recursos, ahorran dinero y en unos pocos meses salen de la deuda. El objetivo final (salir de la deuda) es bueno, los medios para hacerlo, no. Esa no es la forma de ser un «receptor obediente» de su providencia.

Veamos los cinco componentes para ser un receptor obediente de Dios. Incluye: (1) permitir que Dios defina su necesidad; (2) permitir que Dios determine su provisión; (3) permitir que Dios determine el tiempo de su provisión; (4) recibir la provisión antes de usarla; y (5) manejar la provisión a la manera de Dios.

## 1. Permitir que Dios defina su necesidad

Uno de los engaños del diablo es llevarnos a satisfacer nuestras propias necesidades; él desea alejarnos de cualquier actividad potencial de relación con Dios. La gente define a menudo como necesidades cosas que no lo son en verdad. Muchas veces lo que pensamos que necesitamos es precisamente lo que no necesitamos (y puede ser realmente en nuestro detrimento). Esta es una astuta trampa del enemigo, que viene y disfraza nuestros deseos para que parezcan nuestras necesidades. Es Dios quien *define* la necesidad. Es Satanás quien la *disfraza*.

Dios sabe lo que necesitamos y lo que no. Por ejemplo, es una necesidad de las familias pasar tiempo de calidad juntos, antes que papá tenga un segundo trabajo para pagar por más posesiones. Si hay una necesidad, Dios la suplirá. En cambio, si él no la provee, puede ser que no fuera una necesidad. Si usted ha orado por un tema en particular y su respuesta es no, puede ser que no era una necesidad, sino solo codicia.

Por ejemplo, cuando Iglesia Bíblica Central Fiel adquirió el Gran Foro Oeste, sabíamos que íbamos a tener que confiar en Dios que nos proveyera. Pero también sabíamos que era una necesidad; nos estábamos expandiendo y creciendo, y necesitábamos mucho más espacio. Nos pusimos en las manos de Dios y él nos proveyó. Si no hubiese provisto la financiación, eso nos habría indicado que el edifico no era una necesidad de acuerdo con la definición de

Dios de necesidad. ¿Por qué? Porque Dios siempre provee para una verdadera necesidad; posiblemente no sea nuestra imagen de cómo la necesidad será provista, pero él *siempre* provee.

## 2. Permitir que Dios determine su provisión

Deje que Dios satisfaga su necesidad a su manera. No le enseñamos; él determina cómo proveerla de la mejor manera. Por ejemplo, si usted necesita un automóvil, deje que Dios le provea un automóvil. Si él lo provee, usted sabe que estará en condiciones de pagarlo. No trate de estar a la par de su vecino y consiga un préstamo que usted no puede afrontar para un nuevo Mercedes cuando puede andar bien con un Toyota usado. ¡Puede ser mejor comenzar con el Toyota e ir subiendo que comenzar con lo que no puede mantener y ver como le sacan lo que no pudo pagar y tener que bajar de categoría!

Permita que Dios determine cómo será la provisión, y sea agradecido por ella, no importa lo que sea. Si Dios le provee con ese nuevo Mercedes Benz o Lexus, todo bien; esos son automóviles sólidos y confiables, pero deje que él sea quien claramente lo provee. Una regla general para reconocer si Dios está proveyendo o no es sencilla: Dios no hará que obtener algo como un automóvil se convierta en una lucha insoportable y aun destructiva para usted. ¡Demasiados de nosotros gastamos dinero que no tenemos, para comprar cosas que no necesitamos, para impresionar a personas que ni aun conocemos!

## 3. Permitir que Dios determine el tiempo de su provisión.

Dios es quien sabe mejor cuando la necesidad debe ser satisfecha.

Cuando Dios primero hizo su pacto con Abraham, Abraham pensaba que era demasiado viejo para tener hijos (véase Génesis 15:1–3). Finalmente, cuando Abraham tenía 80 años y nada había ocurrido aún, decidió tomar el asunto en sus propias manos y tuvo un hijo llamado Ismael con Agar, la sierva de Sara (véase Génesis 16). A causa de que Abraham tomó el asunto en sus manos, el Medio Oriente ha estado en conflicto por siglos; todo porque Abraham no esperó en Dios.

Si Dios dice que él va a hacerlo, ¿cuánto está dispuesto a esperar para que cumpla su palabra? ¡Aprenda a esperar en el Señor! Solo los hijos impacientes, indisciplinados se rehúsan a esperar. Dios hará lo que dice, en su momento adecuado.

## 4. Recibir la provisión antes de usarla

Debemos recibir la provisión de Dios antes de usarla. Es como las vidrieras: si usted no tiene el dinero, ¿para qué ir a ver vidrieras? Cuando llega a casa, tiene los brazos cargados de cosas, y la única forma en que las obtuvo fue con crédito o gastando dinero destinado para algo necesario.

Cuando usted utiliza la provisión antes de recibirla, está diciendo, «De acuerdo. Tengo fe. Tengo fe de que Dios proveerá el dinero antes que tenga que pagar la cuenta». Usted puede tener fe, y la fe por cierto es buena, pero una fe mal aplicada conduce a un mal comportamiento con su dinero. Tenemos muchos en nuestro ministerio que han aprendido el dolor de la ejecución hipotecaria, pérdida de sus posesiones y bancarrota por gastar dinero antes de haberlo recibido, dinero que en verdad no tenían.

## 5. Manejar la provisión a la manera de Dios

Cuando Dios suple la necesidad, usted tiene una obligación de manejar la provisión en una manera que le agrade a él. Mucha gente no está viendo satisfechas sus necesidades porque gasta en sus deseos el dinero que Dios dispuso para sus necesidades. Todo pertenece a él en primer lugar, así que manéjelo a su manera.

El propósito del dinero no carece de razón. Una vez que comenzamos a reconocer las intenciones de Dios respecto al dinero, una vez que comenzamos a ver como él trabaja detrás, dentro y alrededor del concepto del dinero y su uso, y una vez que comprendemos su sabiduría respecto del correcto uso del dinero, un vislumbre del deseo de Dios para sus hijos emerge:

> Porque a derecha y a izquierda te extenderás; tu descendencia desalojará naciones, y poblará ciudades desoladas (Isaías 54:3).

**Nota:**
1. Esto totaliza 3 horas por mes. Hay aproximadamente 487 horas de *estar despiertos* cada mes, lo que significa que la mayoría de las personas pasa menos del 1 por ciento de su tiempo despierto tratando de conocer a Dios por medio del estudio de su palabra.

CAPÍTULO 6

# ¿Qué acerca del diezmo?

> *Traigan íntegro el diezmo para los fondos del templo, y así habrá alimento en mi casa. Pruébenme en esto —dice el SEÑOR Todopoderoso—, y vean si no abro las compuertas del cielo y derramo sobre ustedes bendición hasta que sobreabunde.*
>
> MALAQUÍAS 3:10

Antes de pasar a la próxima sección, hablaremos del diezmo.

El principio del diezmo es un principio de *prioridad*. Es una declaración tangible de que Dios es primero en su vida. Afirma que usted reconoce a Dios como la fuente de sus recursos y que lo pone a él primero en su mayordomía de lo que trae a su vida. En una manera muy simple, mayordomía es la forma en que usted trata lo que Dios le da para manejar o controlar. Un mayordomo administra la propiedad que pertenece a otro. Dios posee todo. Afirmamos su propiedad dándole lo primero de nuestros ingresos que él trae a nuestra vida.

La palabra «diezmo» habla de los primeros frutos, o de lo primero cosechado, que era almacenado en un depósito. El depósito en el tiempo del profeta Malaquías, unos 2.455 años atrás, tenía una función similar a los silos de granos de hoy en día. La metáfora en Malaquías 3:10 es la de una sociedad agraria; cuando se recogía la cosecha, la mejor parte iba al depósito.

La palabra original hebrea para «diezmo» en este pasaje es *ma'aser*, que significa «una décima parte» o «pago de una décima parte». En otras palabras, de acuerdo con Malaquías 3:10, la décima parte de nuestro incremento, nuestra ganancia, es depositada en el depósito de Dios.

Como se indica en el pasaje que sigue, durante los siete años de abundancia antes de la hambruna, cuando José tenía poder sobre toda la tierra de Egipto, almacenó la riqueza de la tierra, poniéndola en grandes depósitos:

Durante los siete años de abundancia la tierra produjo grandes cosechas, así que José fue recogiendo todo el alimento que se produjo en Egipto durante esos siete años, y lo almacenó en las ciudades. Juntó alimento como quien junta arena del mar, y fue tanto lo que recogió que dejó de contabilizarlo. ¡Ya no había forma de mantener el control! (Génesis 41:47–49).

Los cristianos discuten y bromean acerca del diezmo porque hoy las iglesias enseñan un evangelio incompleto sobre este tema. «Diezmar es de la vieja escuela», reclama la gente. «¿No lo tenemos que seguir pagando, verdad?». O aprietan sus billeteras y preguntan, «¿No está en el Nuevo Testamento, cierto?»

## El diezmo: una breve historia

El trasfondo del diezmo es fascinante. Una vez que se entiende su propósito, su historia y su relevancia moderna para nuestra salvación, adquiere un nuevo y renovado punto de vista de esta sorprendente herramienta de Dios.

Cuando Abram volvía de derrotar a Quedorlaómer y a los reyes que estaban con él, el rey de Sodoma salió a su encuentro en el valle de Save, es decir, en el valle del Rey. Y Melquisedec, rey de Salén y sacerdote del Dios altísimo, le ofreció pan y vino. Luego bendijo a Abram con estas palabras: «¡Que el Dios altísimo, creador del cielo y de la tierra, bendiga a Abram! ¡Bendito sea el Dios altísimo, que entregó en tus manos a tus enemigos!» Entonces Abram le dio el diezmo de todo (Génesis 14:17–20).

En Génesis 14, cuando Abram (antes que Dios cambiara su nombre a Abraham) estaba viviendo en Hebrón cerca de los grandes árboles de Mamré, su sobrino Lot fue tomado prisionero por varios reyes persas que habían viajado a Sodoma para sofocar una rebelión.

Abram salió con 318 de sus siervos, que también habían sido entrenados como soldados (lo cuál dice mucho de los tumultuosos tiempos de la región) para rescatar a Lot. Persiguieron a los persas, los alcanzaron y liberaron a Lot.

Mientras retornaba victorioso, Abram encontró al rey de Salén, un sacerdote llamado Melquisedec (cuyo nombre significa «mi rey es justo»), que adoraba a Jehová. Melquisedec honró a Abram con un banquete de vino y pan, y Abram respondió a la generosidad y bendición de Melquisedec honrándolo con un diezmo del botín que había capturado de los reyes persas durante su rescate de Lot. Así, diezmar comenzó como una respuesta a una bendición de Melquisedec, un rey y sacerdote de Dios, sobre Abram, hombre rico y poderoso.

En Génesis 12, Dios le dijo a Abraham, «Te bendeciré»; y en Génesis 14, Dios lo hace. En el capítulo 12, Dios hizo la promesa; en el capítulo 14, cumplió la promesa.

Aunque el diezmo esencial comenzó con Abraham y el sacerdote Melquisedec, la *estructura* del diezmo comenzó con Moisés. Moisés estableció el diezmo y las estructuras para él: las diferentes formas del diezmo, las ofrendas de cereales, las ofrendas de ganado y ovejas, etc.; todas fueron ordenadas.

Como indica la historia, el diezmo no comenzó con una ley; comenzó con la gratitud de Abram a Dios como la fuente de su victoria, y con Abram honrando la bendición que le dio el sacerdote-rey Melquisedec, dando a Melquisedec (como un representante de Dios) una porción del botín.

Así, el establecimiento del diezmo involucraba:

- Una persona: Abram
- *Un principio*: Dios proveerá
- *Un sacerdote*: El rey-sacerdote Melquisedec (un arquetipo de Jesús)
- *Una promesa*: La nación Israel saldrá de los lomos de Abraham y sus descendientes serán bendecidos.

En Génesis 17, Dios hace el pacto definitivo con Abraham para hacerlo el padre de muchas naciones, cambiando su nombre de Abram (que significa «padre de nobleza o estatura») a Abraham (que significa «padre de una multitud»). Dios le dice: «Estableceré mi pacto contigo y con tu descendencia, como pacto perpetuo, por todas las generaciones. Yo seré tu Dios, y el Dios de tus descendientes» (Génesis 17:7).

Esto significaba que la bendición del pacto era con la simiente de Abraham también, haciéndola válida más allá de Abraham a todos sus descendientes, como la voluntad y el testamento de Dios. La simiente de Abraham, su línea de descendientes, la nación de Israel, recibió la promesa del pacto. ¡La promesa era que todos sus descendientes serían bendecidos![1]

### El amor se enfría

Sin embargo, lo que comenzó a ocurrir con el pueblo de Israel fue que su amor para Dios comenzó a menguar. En lugar de dar su diezmo como lo mejor, los primeros frutos, lo de arriba, comenzaron a dar menos que lo mejor. Su amor fue enfriándose y comenzaron a dar las vacas defectuosas para el sacrificio, las ovejas con una pata en mal estado, las palomas con un ala rota, en lugar de dar lo mejor a Dios.

Dios notaba que su amor se iba enfriando. Aún cuando se estaban alejando de él y le estaban dando menos que sacrificios honorables, seguían viniendo a él, aunque solo por rutina. Seguían aún trayendo sus diezmos, pero ahora lo que se ofrendaba al Señor era lo viejo, lo tuerto, lo averiado; como una persona casada que tiene un amante, pero que aún desea mantener su matrimonio para guardar las apariencias.

### El mismo juego, diferentes jugadores

Cientos de años más tarde, en el libro de Hebreos, aprendemos que, con la venida del Mesías, las cosas cambiaron. Jesús es ahora nuestro sumo sacerdote, de la orden de Melquisedec:

> Y consumada su perfección, llegó a ser autor de salvación eterna para todos los que le obedecen, y Dios lo nombró sumo sacerdote según el orden de Melquisedec. Sobre este tema tenemos mucho que decir aunque es difícil explicarlo, porque a ustedes lo que les entra por un oído les sale por el otro (Hebreos 5:9–11).

En este pasaje, Jesús es identificado como un sacerdote para siempre, del orden de Melquisedec, haciendo así a Cristo la persona, el principio, el sacerdote y la promesa, todo en uno, mientras que en Génesis, la persona era Abram, el principio era que Dios proveerá, el sacerdote era Melquisedec y la promesa era que la nación de Israel vendría de los lomos de Abraham y sería bendecida. Porque Jesús no había aun venido cuando el pacto fue primero establecido, Melquisedec era por así decirlo un sustituto, hasta que viniera el tiempo que Jesús apareciera en escena en Belén. Abram trajo el diezmo al sumo sacerdote

Melquisedec, relacionando así a Abram con la promesa del pacto de la bendición generacional de Dios a todos sus descendientes para siempre.

El diezmo se convirtió en el vínculo con el pacto. El diezmo fue la llave que activó todo, poniendo las cosas en marcha.

Con el libro de Hebreos, y ahora con nosotros en esta generación, solo los jugadores han cambiado: en lugar de que la persona sea Abraham, la persona es la simiente de Abraham (nosotros). En lugar de ser Melquisedec el sacerdote, Jesús es el sacerdote. En lugar de recibir el diezmo Melquisedec, si Jesús es nuestro Señor, él recibe el diezmo.

Cuando usted trae el diezmo, se relaciona también con la promesa de la bendición. El diezmo es aún el principio (por así decir, las «reglas del juego») y es aún traído al «sacerdote» (la iglesia). El juego es el mismo. Los jugadores son diferentes.

## Diezmo y Ofrenda: la diferencia

Hay una diferencia entre el diezmo y la ofrenda. El diezmo es la porción que va directamente a los esfuerzos relacionados con el ministerio. En nuestra cultura actual, el diezmo sería el monto o porcentaje que usted da a la iglesia, donde usted se nutre espiritualmente. Este dinero sostiene la estructura operacional de esa iglesia.

La ofrenda, por otro lado, es un monto de dinero que usted da aparte del diezmo. Este es dinero que dona para causas específicas en que su iglesia está involucrada o ministerios u obras de caridad que están separadas de su iglesia. Usted determina el monto de sus ofrendas y determina a qué ministerios desea dar, pero las ofrendas son siempre *adicionales* al diezmo.

> Todo cuanto se consagra como propiedad exclusiva del Señor, es cosa santísima… El diezmo de todo producto del campo, ya sea grano de los sembrados o fruto de los árboles, pertenece al Señor, pues le está consagrado (Levítico 27:28–30).

La palabra «consagrar» en Levítico 27:28 es la palabra hebrea *cherem*. Significa consagrar o dedicarlo a alguien y solo esa persona puede decir cómo va a ser usado.

Hay dos cosas que debemos entender acerca del diezmo: primero, la décima parte trae con ella una responsabilidad fiduciaria (o sea, una responsabilidad de administrar lo que pertenece a Dios y nos ha sido confiado), que debemos manejar en forma que le honre. Segundo, el diezmo es santo al Señor. Dios declara que el diezmo y la ofrenda son santos para él. Están dedicados, puestos aparte, consagrados. Solo él determina cómo deben ser usados.

Encargarse de su «semilla» de forma que produzca un aumento en su cuenta espiritual con Dios es reconocer que ella pertenece a Dios. No damos a Dios el diezmo; *se lo devolvemos*. Por eso, es santo. Como tal, Dios vigila cómo manejamos lo que ha puesto a nuestro cuidado.

Si usted da siempre sus diezmos primero, su ofrenda será honrada por Dios. Si no está diezmando, cuando da ofrendas, pueden ser aceptadas pero no pueden ser *honradas* por Dios. En otras palabras, no llevan efectos residuales de bendiciones para usted en el futuro.

Cuando retenemos el diezmo, estamos robando a Dios, como la Escritura que sigue nos dice abiertamente: «¿Acaso roba el hombre a Dios? ¡Ustedes me están robando! Y todavía preguntan: "¿En qué te robamos?" En los diezmos y en las ofrendas» (Malaquías 3:8).

¿Qué ocurriría si hubiera una patrulla de Dios que fuera mostrando sus credenciales y arrestando a toda persona que tuviera alguna cosa que fuera propiedad robada? Si usted tiene cosas que compró (¡que probablemente ni aun necesitaba!) y no ha estado pagando sus diezmos, significa que ha estado comprando cosas con dinero que retuvo de Dios, dinero que no le pertenece. En un sentido es propiedad robada. Dios toma nota de cosas como esas. Las llama «robo». ¡En todos los estados de América, robar es un delito grave, que se castiga con prisión!

Esta clase de robo es lo que Malaquías menciona, cuando cita lo que Dios dice: «¡Ustedes me están robando en los diezmos y en las ofrendas!» Usted ha tomado el porcentaje de Dios y lo ha puesto en su propio bolsillo, mientras se considera uno de los suyos. No está haciendo lo que Dios dice en su palabra. ¡Está guardándose su dinero para usted!

Es interesante que Dios llama a esto robo. No lo llama hurto. Una diferencia significativa entre hurto y robo es que los hurtos ocurren generalmente cuando algo es robado y el ladrón no es visto. En los hogares generalmente se producen hurtos cuando los dueños no están. Sin embargo, Dios dice que cuando rehusamos traer el diezmo, le *robamos*. Los robos ocurren cuando el ladrón roba algo de una persona y es visto. A menudo a usted le roban mientras está viendo a la persona, aún mirándole en los ojos. Dios parece decir que cuando usted rehúsa traer el diezmo, no le está hurtando (como si él no pudiera ver); en cambio le está robando, mirándole directamente a los ojos, ¡frecuentemente pidiéndole que le bendiga más! *¿Robaría el hombre a Dios?*

Todo lo que tenemos nos fue dado por Dios. Es *suyo*. Diezmar tiene que ver con nuestro corazón, nuestra actitud, vista como un gesto de devolver a Dios en reconocimiento que estamos en una continua y correcta relación con él. Cuando comenzamos a aferrarnos a lo qué es suyo y no damos nada en retorno, ¿Qué va a hacer él? ¿Cómo nos va a tratar? ¿Qué hace usted con el adolescente que vive en casa y no ayuda, no hace ninguna tarea, no tiene un trabajo part-time, no barre, no limpia, no contribuye en nada, y aun desea su ayuda, o peor?, ¡está sacando efectivo de su billetera o monedero! Como «soberano» en la familia, como padre, ¿qué hace usted?

Diezmar comenzó como una afirmación de la soberanía de Dios, como celebración de una victoria dada por Dios a Abraham. El diezmo se inició como una actitud de gratitud por las victorias que el Señor había garantizado a sus hijos. En esta misma forma, hoy diezmamos en afirmación de la soberanía de Dios en nuestra vida cotidiana. Es nuestra declaración de que él es nuestro proveedor y protector.

Con Jesús tuvimos un intercambio de jugadores, pero las reglas de juego son aún las mismas. Aún traemos el diezmo, pero ahora lo traemos a Jesús, nuestro sumo sacerdote para siempre. En lugar de ser Abraham el que trae el diezmo, ahora es la iglesia que lo trae. El mismo juego, diferentes jugadores.

## ¿Ahora, dónde?

En la cultura de hoy, el diezmo debe ir al lugar donde Dios canaliza nuestra provisión espiritual, donde estamos plantados y creciendo en la palabra, donde somos espiritualmente alimentados, tal como en nuestra propia iglesia.

Algunos cristianos comen en todas partes de la ciudad. Van primero a esta iglesia, luego a aquella, luego a la otra por el camino. Al margen de este pastoreo, el diezmo debe ser plantado donde nos nutrimos espiritualmente. Donde estamos creciendo en fe. Donde se nos está enseñando la palabra. Donde estamos sirviendo y reuniéndonos con otros cristianos en comunidad. Donde estamos siendo considerados responsables por compañeros cristianos, siendo investidos de poder por el Espíritu Santo y siendo transformados por su palabra.

Si siguiéramos el modelo bíblico de diezmar al pie de la letra, daríamos en verdad más del veinte por ciento de nuestros ingresos. Había dos diezmos que se pagaban anualmente y uno cada tres años. Como se mencionó anteriormente, la palabra «diezmo» significa «un décimo» o «una décima parte». Técnicamente, usted no puede diezmar más del diez por ciento. Puede dar más de un diezmo (como hacían los israelitas), pero no puede realmente diezmar doce o dieciocho por ciento, porque la palabra significa «un décimo». Todo lo que sea por encima de un décimo es considerado una ofrenda. El monto mínimo indicado es el diezmo. (Sin embargo, un ejemplo del monto mínimo de ofrenda es dado en Marcos 12:42, donde la viuda dio dos moneditas; la versión *El mensaje* [The message] traduce «unos dos miserables centavos». ¡Pero aquellas dos moneditas era el cien por ciento de lo que la viuda tenía! Ella dio más que el diez por ciento como diezmo; ¡dio todo!)

Hoy, cuánto usted da por encima del diezmo es algo entre usted y Dios. Él podía haber dicho treinta por ciento. Podía haber dicho 5. Pero no se trata del *monto;* se trata de la *actitud.* Se trata de transformar el corazón y devolverle a Dios cualquier cosa que él nos pida, demostrarle que él es el primero y lo máximo en nuestras vidas. Es una acción simbólica que físicamente demuestra lo que está en nuestros corazones: el conocimiento de que él es el dueño de todo y merece lo primero y lo mejor.

No se trata tanto del porcentaje; lo principal es su actitud. Si «honrar» para usted significa veinte por ciento o cuarenta por ciento o sesenta por ciento o noventa por ciento, entonces esto es lo que usted da. Nunca permita que la gente lo manipule al dar, porque Dios no honrará esa motivación. Debe ser desde *su* corazón.

## Buen suelo o mal suelo

«Sembrar» es un término agrario o de campo que se refiere a plantar. Dios ha creado un sistema que es auto sustentable, siempre creciendo y avanzando. Cuando traemos nuestro diezmo hoy al depósito, estamos *sembrando.* Tomamos los primeros frutos que hemos cosechado (que es nuestro diezmo, o la *semilla*) y la sembramos en el depósito (que es el *suelo,* o donde diezmamos) para que pueda multiplicarse y crecer aun más.

La clave de una siembra exitosa no es solo la semilla. Está también relacionada con el tipo de «suelo» en el que la semilla es plantada. Aún la mejor semilla deja de producir una cosecha si es depositada en un terreno malo. En otras palabras, sea diligente en poner su diezmo en el suelo de ministerios buenos, sólidos, cuyos antecedentes, personal clave y liderazgo usted haya investigado, como así también cuál es el porcentaje de lo que se dona para satisfacer otras necesidades, una vez que se han deducido los gastos generales de la organización. No tiene sentido dar a una obra de caridad o ministerio que destina una porción exorbitante de las donaciones para sus gastos generales y operativos, y deja poco para los objetos principales del ministerio.

## Detalles del diezmo

En tanto que el diezmo no es una rápida solución para los problemas económicos, es algo que estamos ordenados a hacer. El diezmo debe ser dado cuando lo obtenemos, porque tenemos que honrar a Dios con nuestros primeros frutos. Aunque ciertamente no es el alfa y omega de nuestra relación con Dios, es un gran y tangible indicador de donde el Señor cae en nuestra lista de prioridades. Dios desea ser primero. Diezmar es una manera que podemos mostrar que lo es.

Dios no solamente merece nuestros primeros frutos, sino que también nos ordena que no tengamos otros dioses delante de él (ver Éxodo 20:3). Cuando damos a Dios nuestros primeros frutos, estamos declarando y afirmando que él es primero, es nuestro Dios y no hay otro antes que él en nuestras vidas.

Aparte de su contexto histórico, tiene tres aplicaciones centrales en la actualidad: (1) proveer para el ministerio; (2) mantener a raya al enemigo; (3) promover la fe. Examinemos cada una de ellas.

### 1. El diezmo provee para el ministerio

Deuteronomio y Nehemías hablan del hecho que el diezmo, que incluye comida y todos los otros ítems que eran traídos al templo, proveía a los sacerdotes, los porteros, los músicos, los levitas, los forasteros en necesidad, huérfanos y viudas. De la misma manera, el diezmo actualmente promueve el ministerio; provee comida, recursos y sostenimiento para los sacerdotes; y se ocupa de la gente en necesidad.

En ninguna parte de la Escritura dice que el diezmo debe ser usado para construir edificios. El tabernáculo y el templo no fueron construidos con dinero de los diezmos; los fondos para construir el templo y el tabernáculo vinieron de ofrendas aparte del diezmo.

## 2. El diezmo mantiene al enemigo a raya.

Cuando retenemos riquezas que están destinadas para el reino, esas riquezas se convierten en un objetivo para el enemigo. Peor aún, una vez que tenemos más de lo que necesitamos, ¡nosotros nos convertimos en el blanco del enemigo!

El diablo nunca afloja. Si el excedente más allá de su necesidad no es destinado, puesto aparte, designado, para construir más riqueza para el reino de Dios o para edificar una herencia para los hijos de sus hijos, pinte un gran círculo rojo en ese dinero, porque es un apreciado blanco para el enemigo.

Sin embargo, si usted anticipa con claridad que ese diez por ciento *siempre* va a Dios, otro cierto *porcentaje* siempre va a crear riqueza y otro porcentaje *siempre* va a ofrendas, entonces el enemigo no puede hacerle tropezar, no importa cuánto lo trate. Una vez que usted ha destinado esos fondos y ha decidido donde van a ir, el enemigo solo puede tratar de tentarlo en ese rubro, pero sus esfuerzos para desviarlo se hacen débiles e ineficaces y usted puede sonreírse y encogerse de hombros por sus intentos. Dios dice que él protegerá su cosecha del enemigo (véase Malaquías 3:11).

## 3. El diezmo anima la fe

Mucha gente trata el diezmo como una carga. Esto se debe a una falta de entendimiento de que en realidad es el portal a una gran bendición, porque el diezmo anima a la fe, ¡y la fe no queda sin recompensa! Es una de las maneras en que demostramos la preeminencia de Dios en nuestra vida.

Mucha gente no diezma porque temen que si dan a Dios una décima parte del dinero que él les dio, les faltará en algo. Él solo está pidiendo un miserable 10 por ciento; sin embargo, ¿temen que no les alcanzará con el 90 por ciento? Ese es obviamente un espíritu de temor controlado por un espíritu de Mamón. El temor irracional de no poder mantener un equilibrio financiero con el 90 por ciento de la provisión de Dios viene solamente del diablo. ¡Recházelo! Es el enemigo y el enemigo solo es quien trata de convencerlo que si diezma no podrá hacerlo con el noventa por ciento. ¡Pero Dios dice que usted no puede hacerlo con el noventa por ciento si *no* diezma! ¿A quién va a creer?

Luego está la gente que teme *no* diezmar a Dios lo que es debido, ¡porque temen que pueden perder lo que pensaban les es debido a ellos! Este es un temor basado en la ley y las obras.

Estos temores y motivaciones inapropiadas no deberían ser ni el impulso ni el impedimento para diezmar. Diezme porque ama a Dios. Diezme porque no puede robar a alguien que ama. Diezme porque Dios nos pide hacerlo. Claro y simple.

Diezmar nos recuerda que Dios es primero. Cuando diezmamos y le damos lo primero de nuestros ingresos, es un constante recordatorio que es para él, porque él es primero, el número uno en nuestra vida sobre todo. Nos humillamos diciéndole: «Tú me trajiste a este lugar; tú me diste todo lo que tengo; mi hogar, mi familia, mis ingresos, la habilidad para obtener riqueza».

Es el amor de Dios que nos impulsa a dar, porque él es el gran Dador. Es nuestra fe que responde a su amor, porque confiamos en su palabra. Dios ama de tal manera que expresa su favor. Dios ama de tal manera que expresa gracia. Cuando veo demostraciones del perfecto amor y provisión de Dios y cuando hago lo que me llama a hacer, estoy en condiciones de plantarme de cara al diablo y al espíritu de Mamón y declarar, «¡Eres un mentiroso!» Tenga fe que Dios hará todo lo que dijo que hará.

La única manera de echar fuera el temor respecto a su provisión es simplemente confiar en Dios. La confianza anima la fe y nos protege de la influencia de Mamón. La confianza nos permite ver a Dios haciendo lo que nuestra calculadora dice que no puede ser hecho. ¡Incontable cantidad de cristianos confían en Dios con sus dádivas y están haciendo *más* con el 90 por ciento que les queda que lo que hicieron con el cien por ciento!

De Génesis a Apocalipsis, diezmar provee aun otro fundamento para nuestra fe en Dios. En toda la Escritura, hay un solo lugar donde Dios *nos desafía* a confiar en él; ¡un lugar! Malaquías 3:10 dice: «Traigan íntegro el diezmo para los fondos del templo, y así habrá alimento en mi casa. Pruébenme en esto, dice el SEÑOR Todopoderoso, y vean si no abro las compuertas del cielo y derramo sobre ustedes bendición hasta que sobreabunde».

## Lo que el diezmo no es

Algunas veces se enseña el diezmo con la idea de que una vez que usted diezma todas las cosas le van a ir bien. No funciona de esa forma. En contraposición con estas enseñanzas, el diezmo no es una rápida solución para los problemas financieros. Diezmar no quita la maldición de la deuda de su vida. Eso solo ocurre cuando nos arrepentimos y comenzamos a comportarnos responsablemente con nuestro dinero, nuestro negocio y nuestras finanzas.

Si usted está diezmando de sus ingresos pero aun está gastando más de lo que gana, diezmar no lo ayudará. Si usted comienza a diezmar hoy pero no paga sus cuentas, aún tendrá mal crédito, tendrá aún problemas de dinero y neutralizará los efectos positivos potenciales de diezmar.

Mucha gente ha adoptado una actitud que diezmar es algo que hay que soportar y sacar de su camino cada semana. Lo ven como una obligación para verificar en una lista dominical de tareas para hacer. Otras personas van al extremo opuesto, atribuyendo al diezmo una calidad mágica sobrenatural de rápida solución que Dios nunca intentó que tuviera. Ambos conceptos son igualmente erróneos. Distorsionan lo que la Biblia enseña acerca del diezmo y privan a los cristianos de las ricas bendiciones que Dios tiene guardadas para nosotros si solamente consideramos al diezmo a su manera.

## El corazón del que diezma

Hay una gran diferencia entre *traer el diezmo* y *ser uno que diezma*. Déjeme decirlo de otra manera: ¡Que usted diezme todos los domingos no significa que usted es alguien que diezma! En su libro *Salud, riqueza y dinero: Principios financieros bíblicos de Dios*, Craig Hill y Earl Pitts lo expresan en pocas palabras: «Mucha gente está diezmando pero nunca se convierten en *los que diezman*»,[2] escriben Hill y Pitts. Esto es cierto, porque se trata de la intención de corazón. «La diferencia tiene que ver con la actitud y el involucrarse en forma activa»[3], escriben Hill y Pitts. Por ejemplo, usted puede amar jugar futbol en el parque de vez en cuando, pero eso no lo convierte en un Emmit Smith o un David Beckham. A usted le puede gustar en ocasiones jugar tenis, pero eso no la convierte en una Steffi Graff o una Venus o Vanessa Williams. Un atleta profesional tiene devoción, dedicación y pasión por su deporte, que lo impulsan a ser grande. Uno que verdaderamente diezma tendrá el empuje, el deseo y el compromiso de un profesional.

Dios no desea nuestro dinero. Desea nuestros corazones. La mujer de Marcos 12 y Lucas 21, que dio las dos monedas, fue bendecida por Jesús porque tenía un corazón que le decía que *todo* pertenecía al Señor. Dos monedas pueden no haber sido mucho según las normas de otras personas, pero un monto importante para ella, ¡y destinó el cien por ciento para Dios! Era todo lo que tenía para vivir, y fue bendecida por Jesús porque su corazón la impulsó a dar todo:

Jesús se detuvo a observar y vio a los ricos que echaban sus ofrendas en las alcancías del templo. También vio a una viuda pobre que echaba dos moneditas de cobre. Les aseguro, dijo, que esta viuda pobre ha echado más que todos los demás. Todos ellos dieron sus ofrendas de lo que les sobraba; pero ella, de su pobreza, echó todo lo que tenía para su sustento (Lucas 21:1-4).

## Caín y Abel: una lección sobre el diezmo

Para una mayor demostración de cómo es el corazón de uno que diezma, de cómo traer fielmente el diezmo y hacerlo con las mejores intenciones, veamos la historia de Caín y Abel:

Tiempo después, Caín presentó al SEÑOR una ofrenda del fruto de la tierra. Abel también presentó al SEÑOR lo mejor de su rebaño, es decir, los primogénitos con su grasa. Y el SEÑOR miró con agrado a Abel y a su ofrenda, pero no miró así a Caín ni a su ofrenda. Por eso Caín se enfureció y andaba cabizbajo.

Entonces el SEÑOR le dijo: «¿Por qué estás tan enojado? ¿Por qué andas cabizbajo? Si hicieras lo bueno, podrías andar con la frente en alto. Pero si haces lo malo, el pecado te acecha, como una fiera lista para atraparte. No obstante, tú puedes dominarlo» (Génesis 4:3-7).

Caín y Abel eran hermanos que trajeron ofrendas a Dios. Caín trajo «del fruto de la tierra» (una ofrenda de la cosecha) y Abel trajo de su ganado. La gente a menudo interpreta este texto como si dijera que la razón por la que la ofrenda de Caín no fue aceptada fue porque él no trajo una ofrenda de sangre sino de sus cosechas, mientras Abel trajo una ofrenda de sangre de sus animales. Estoy en desacuerdo con esa interpretación.

Aquí esta la razón: hay cantidad de veces en la Biblia cuando Dios confirma los diezmos de las cosechas, particularmente en una sociedad agraria. Cualquiera cosa que una cultura valoriza, acepta e canjea como medio de intercambio para bienes y servicios, es aceptable como un diezmo o una ofrenda. El diezmo es dado en el contexto del medio de intercambio para una cultura, y todas las culturas tienen varios medios de intercambio. El intercambio de cosechas era por lo tanto tan legítimo como el intercambio de ganado. Por ejemplo, los granjeros y los ganaderos trajeron ofrendas de las ganancias dentro de sus ocupaciones individuales. Uno, un granjero, cultivando y levantando cosechas. El otro, un ganadero, criando y disponiendo de ganado. Así, no fue la sustancia de la ofrenda de Caín lo que estaba en cuestión; *fue su actitud*.

Mi hijo, Kendan, que está en una escuela de gastronomía, nos enseñó a mi esposa y a mí, que las diferentes partes de un animal tienen grados variables de valor. Algunas partes son más valiosas que otras. El diezmo de Abel fue honrado porque trajo las «primicias» de su rebaño y «la grasa del mismo». La grasa era la parte más valiosa del animal. «La grasa del mismo» significa que Abel *se excedió* y preparó y trajo a Dios la parte más valiosa del animal. Él podía haber traído simplemente el animal normal de sacrificio, pero fue más allá del mínimo requerido, porque su corazón estaba dispuesto para Dios. La diferencia entre los dos hombres no era tanto en la ofrenda sino en la *actitud* antes y después de la ofrenda.

Hay dos problemas con las ofrendas de Caín: primero, Génesis 4:3 dice, «*Tiempo después*, Caín presentó al Señor una ofrenda del fruto de la tierra» (énfasis agregado). «Tiempo después» indica que Caín trajo su sacrificio, *no en forma inmediata*; la frase indica *sin apresurarse*. En otras palabras, Caín trajo su sacrificio cuando encontró tiempo para hacerlo. ¡Problema número uno! ¿Puede imaginarse a Dios esperando por lo que le pertenece?

Luego, Génesis 4:4 dice que Dios respetó, o recibió, la ofrenda de Abel, pero no recibió la de Caín. Cuando su ofrenda tardía y mediocre no fue aceptada, ¿qué hizo Caín? ¡Fue regañado! Caín se enojó y «andaba cabizbajo». Básicamente, asumió una actitud negativa. Se disgustó.

Me encanta cómo Dios respondió a eso. El Señor dijo a Caín: «¿Por qué estás tan enojado? ¿Por qué andas cabizbajo?». En efecto, Dios estaba diciendo, «¿Qué te pasa? ¿Por qué estás tan disgustado?». Dios continuó en el versículo 7: «Si hicieras lo bueno», que es una frase que significa *si ajustas tu actitud*. Básicamente, «¿Qué te pasa? Si hubieras tenido una revisión de tu actitud, habrías apresurado tu ofrenda y lo tuyo habría sido también aceptado».

## Revíselo antes de que se eche a perder

*Cada uno debe dar según lo que haya decidido en su corazón,*
*no de mala gana ni por obligación, porque*
*Dios ama al que da con alegría.*

2 Corintios 9:7

La lección en el relato de la ofrenda de Caín y Abel no está en la naturaleza de la ofrenda, sino en la actitud detrás de las ofrendas. Caín y Abel trajeron ambos una ofrenda, pero cada uno tuvo una actitud diferente. Esto indica la diferencia entre una persona que trae el diezmo y una persona que es un diezmador. Esa diferencia es *actitud;* cómo respondemos en nuestro corazón a lo que traemos al Señor. Aquel que simplemente trae el diezmo está trayendo el monto correcto con la actitud equivocada.

Dios no está buscando solo su décima parte. Dios desea que nos movamos más allá de una mentalidad legalista, restrictiva, rígida que se ajusta a números precisos, para acercarnos más a él, ¡a una esfera donde podemos respirar su aire de fe despreocupada!

Cuándo es el momento para la ofrenda en medio de un servicio, ¿cómo se siente? ¿Siente una punzada en su interior, o su corazón da un brinco? ¿Qué clase de cambio de actitud tiene usted cuando es el momento de poner su ofrenda en ese plato? ¿Se desliza usted hacia la puerta trasera antes de que se recoja el diezmo? ¿Llega lo suficientemente tarde para perderse la ofrenda? ¿Con qué frecuencia la llamada del diezmo le hace gritar?

Si usted desea caminar más cerca del Señor, si desea crecer en los caminos que le agradan, entonces eche una mirada seria a su actitud. Pablo hace una vigorosa afirmación acerca de la actitud de dar. Anima a los que nos reunimos a adorar pero que por una razón u otra no tenemos nada para ofrendar. Dios nunca espera que dé lo no tiene (véase 2 Corintios 8:12) y él sabe lo que usted tiene y si está o no en condiciones de darlo. Después de todo, todo lo que posee, él se lo dio. Él está siempre más preocupado por la actitud de su corazón cuando da. Pablo dice que Dios busca una mente que esté deseando dar, y que Dios valora mucho más la buena voluntad que el monto del cheque. El principio del diezmo no es la legislación de la ley, sino la demostración de un corazón que coloca a Dios en primer lugar. Para el corazón dispuesto, el diezmo no es un tema de legalismo, sino de realismo. Es parte de nuestro «culto racional» (véase Romanos 12:1). Y esto tiene sentido. Si Dios es primero en su vida, ¿por qué usted no diezmaría?

Pregúntese por qué dar un diez por ciento no es justo ante Dios. Si es honesto, cualquiera sea la respuesta que dé, lo más probable es que sea el resultado de egoísmo, orgullo o falta de entendimiento del principio del diezmo. (¡Es de esperar que este libro está ayudando a eliminar esta última opción!)

## La maldición de la desobediencia

Deuteronomio 28 afirma que si no somos cuidadosos en hacer como Dios dice, enfrentamos un gran problema:

> Pero debes saber que, si no obedeces al Señor tu Dios ni cumples fielmente todos sus mandamientos y preceptos que hoy te ordeno, vendrán sobre ti y te alcanzarán todas estas maldiciones (v.15)

El texto sigue al enumerar algunas de las horrendas maldiciones que ocurrirán a Israel si son desobedientes y se apartan de la protección y guía del Señor:

> Maldito serás en la ciudad, y maldito en el campo. Malditas serán tu canasta y tu mesa de amasar. Malditos serán el fruto de tu vientre, tus cosechas, los terneritos de tus manadas y los corderitos de tus rebaños. Maldito serás en el hogar, y maldito en el camino (vv. 16–19).

Nuestras finanzas pueden ser afectadas drásticamente como resultado de nuestra desobediencia. Este pasaje nos habla sobre la realidad que la desobediencia nos hace presa de un sistema mundial que está bajo la influencia del espíritu de Mamón. Los desobedientes no solo caen presa de él, sino que también se convierten en sus esclavos, porque caen en esclavitud de cualquier otra fuente de recursos que escojan seguir.

## El círculo perpetuo de Dios de dar

*El que siembra escasamente, escasamente cosechará, y el que siembra en abundancia, en abundancia cosechará.*

2 Corintios 9:6

Lo que parece un paralelo en el versículo anterior en realidad no lo es. El que siembra escasamente, escasamente cosechará; correcto. Sin embargo, «él que siembra en abundancia» no significa simplemente él que da más. Parece como que el texto está implicando que cuando damos poco, obtenemos poco, y cuando damos mucho, obtenemos mucho en devolución. Pero este no es el significado. Recuerde, no tiene que ver con el *monto*. Lo que el texto está diciendo es que si usted siembra como un miserable, mezquino, contando los centavos, el resultado será bendiciones proporcionales de *tipo* y *sustancia*; no necesariamente en monto.

La palabra «abundantemente» (*eulogia,* en griego) es otra forma de la palabra para «bendición». Él que da o siembra como una bendición a alguien o algo recibirá bendiciones porque él dio como una bendición. La imagen es un círculo perpetuo y creciente de dar y recibir: Dios nos da la gracia de dar. Cuando damos, Dios expresa favor. Lo que damos libera más gracia en nuestras vidas, lo que entonces activa nuestros corazones para dar aun más, lo que entonces incita a Dios a responder aun más.

Recuerde, el pacto de Dios con nosotros es para bendecirnos y hacernos una bendición para otros. Él nos bendice dándonos la capacidad de ganar riqueza. La riqueza establece el pacto de Dios con nosotros (el cuál, nuevamente, es para bendecirnos y hacer que las bendiciones fluyan a través nuestro a medida que le seguimos).

Aquí está la manera en el círculo perpetuo de la gracia de Dios se resume en un diagrama:

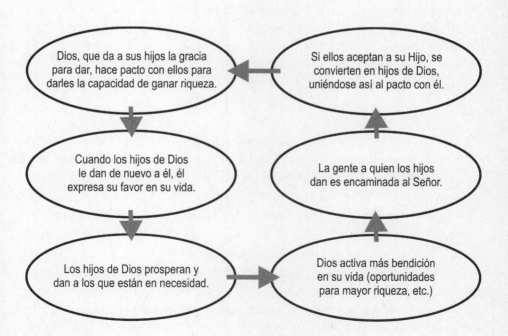

Note que esta es una relación circular entre nosotros y Dios, y gira y gira como un motor, con Dios como el poder que mantiene el motor en marcha, que nos suministra la energía (su poder) nuevamente y ganamos riqueza, que damos a otros, que son encaminados hacia Dios, que les da la gracia para dar, una vez que aceptan a su hijo («potenciando» así su relación con Dios), y sigue así.

## Una advertencia

Dios dice que si diezmamos, él nos abrirá las ventanas del cielo y derramará tal bendición que no habrá lugar suficiente para recibirla, y reprenderá al devorador por nuestros bienes de tal manera que él no los destruirá (véase Mal 3:10–11).

Esto no significa necesariamente que derramará un automóvil nuevo. Puede que no derrame dinero en efectivo. Quizá no será una casa gratis. Ahora bien, ninguna de estas cosas son imposibles de hacer para Dios; sin embargo, el texto dice que él derramará una «bendición». Esa bendición es la capacidad, el poder, para ganar riqueza. Lo que esto significa, de acuerdo a Malaquías 3, es que cuando tomamos su palabra al pie de la letra y diezmamos, él abrirá las ventanas del cielo y nos dará tal cantidad de bendición (la capacidad de ganar riqueza) que estará muy por encima y más allá de lo que nuestra imaginación haya concebido.

## Es santo

Una de las razones que mucha gente no sabe manejar sabiamente el dinero es porque no sabe manejar sabiamente su propia vida. Levítico 11:44, Dios afirma: «Santifíquense y manténganse santos, porque yo soy santo». Esto no es una sugerencia; es una orden. Sin santidad, ni siquiera podemos ver a Dios; no importa a qué denominación pertenezcamos, no importa a qué iglesia asistamos. Nuestra vida debe ser apartada y santa. Vivimos y respiramos a disposición de Dios. La santidad es una declaración de que le pertenecemos.

Este es un llamamiento integral. Ser santo se aplica a todos los ámbitos de nuestra vida; matrimonio, dinero, relaciones, trabajos, todo. Solo una vez que tenemos esto claro y funcionando correctamente podemos apartar nuestro dinero para Dios con la actitud correcta.

Esta santidad que pone aparte es similar a la compra de una propiedad. Si usted está en el proceso de comprar una casa, hay una cuenta en custodia de un tercero donde usted deposita dinero. Ese dinero puede ser utilizado solamente para ese propósito. Está consagrado, dedicado solo a una cosa: la casa. Punto. Usted declara que ese dinero es santo, apartado, porque ahora está fuera de su alcance. No importa si el bebé necesita zapatos nuevos. No importa si la compañía de la tarjeta de crédito finalmente lo encontró. No importa si ve que su acreedor prendario pasa delante de la ventana de su casa en el que era su auto. Usted no puede ir y tomar el dinero en depósito y usarlo como si fuera suyo, porque una vez que está en depósito, está apartado para esa casa únicamente. Es en beneficio suyo, pero el banco lo controla. Si usted se las arregla de alguna manera para meterse en la cuenta y sacar algo de dinero e ir a Macy´s para gastarlo, ha tomado dinero que estaba apartado para un propósito y lo ha utilizado para su beneficio personal. Y corre el riesgo de perder su casa, porque aquel dinero estaba dedicado y destinado a una cosa.

Lo mismo es con Dios. Él dice que cuando usted se confunde con lo que le pertenece a él y profana su cuenta de depósito o cuando no deposita en ella, usted se convierte en el candidato perfecto para perder una bendición y su familia entera sufrirá por ello.

El diezmo es una especie de reserva para su cuenta de tesoros en el cielo. Cuando falla en dedicar el diezmo como santo, ha elegido tomar lo que está bajo el control de Dios. Ese dinero se está acumulando en su beneficio, porque cuando el acuerdo se cierra, usted tiene una bendición que le espera: ¡una nueva casa! Usted no quiere poner eso en peligro.

Comprometa sus diezmos y usted compromete sus bendiciones.

## Causa y efecto

Luego que damos nuestro diezmo, esa primicia hace que todo lo que viene después sea santo. Por ejemplo, Jesús fue el primogénito de Dios; eso hizo que lo que sigue a Jesús sea santo. De igual manera, nuestro diezmo, nuestros primeros frutos de lo primero que viene a nuestra casa, hace «santo» el resto de nuestro dinero, o bendecido por Dios, de tal manera que el noventa por ciento restante es santo al Señor; es santificado para bendecirnos. En otras palabras, cuando usted santifica lo primero a Dios, el resto es bendecido para usted.

Sin embargo, si no santificamos (es decir, damos el diezmo), el resto no puede ser bendecido y no puede crecer y multiplicarse. Cuando profanamos lo que pertenece a Dios, él dice: *Bien, entonces no prevalecerás contra tu enemigo.* Nos volvemos vulnerables al ataque del diablo cuando retenemos lo que es del Señor.

Dios advierte: *Revisen su actitud. Traigan el diezmo y vean si no abro las ventanas del cielo y realmente los bendigo.* Cuando lo hacemos y diezmamos regularmente, ello da una oportunidad de que Dios manifieste su fidelidad, y muestre que el diablo es un mentiroso. Edifica la fe. Quita el temor. Bendice las finanzas. ¡Las promesas del diezmo son poderosas!

## Un principio de prioridad

2 Corintios 9:7 dice que Dios ama una clase particular de dador: ¡la clase que da con alegría! Nuestro corazón determina cómo damos, porque tendemos a dar como una expresión de lo que atesoramos. «Dios ama al dador alegre» indica que el dar con alegría atrae el ojo de Dios, y él entonces puede «hacer que toda gracia abunde para ustedes» (2 Corintios 9:8). La frase habla de la voluntad de Dios, su deseo determinado. Dios desea aumentar, multiplicar la semilla. Él desea bendecirnos y prodigarnos gracia cuando mostramos una actitud correcta al dar.

Si usted está receloso sobre el tema del diezmo, haga la elección de sencillamente confiar en Dios. Es sorprendente cómo el Espíritu Santo eleva a uno. Dejemos que venga el día cuando usted vaya más allá de las ofrendas de aplausos y cantos al Señor. Un día Dios va a pulsar el botón de «replay» en su vida y le dará una visión en retrospectiva. Él traerá a su mente todas las circunstancias a través de las cuales le llevó. Cómo le ha bendecido. Cómo le ha sido fiel. Cómo puso comida en su mesa cuando usted no tenía dinero. Cómo usted pagó sus facturas con una cuenta bancaria vacía, donde él puso dinero que usted nunca vio venir. Cómo el trajo personas a su vida en el momento justo con el regalo justo que usted más necesitaba.

Cómo damos es gobernado por nuestro corazón: «Cada uno debe dar según lo que haya decidido en su corazón» (2 Corintios 9:7) muestra que el acto de dar está por encima del monto y trata con la actitud que determinó el monto.

Lo diré de nuevo: Dios no necesita nuestro dinero; él desea nuestro corazón, pues donde esté su tesoro, le seguirá su corazón. Y si él tiene su corazón, si él es su tesoro, entonces usted le seguirá. Espero que está comenzando a ver que diezmar tiene que ver con algo más que dinero. Es un principio de prioridad.

Es una práctica espiritual que demuestra la preeminencia de Dios en su vida. Es un reconocimiento que usted vive su vida en relación a una autoridad más alta y un principio más alto, que es recibir y liberar bendiciones en la medida en que honra al Dios que es la fuente de su capacidad para ganar un ingreso y poder vivir.

No permita que nadie apague su espíritu cuando es tiempo de dar. Sabe cuán bueno Dios ha sido con usted. ¿No es digno del diez por ciento que le pide?

**Notas**

1. Esto significa que el don de Dios de salvación no es solo para la «circuncisión» (los judíos), porque Abraham era incircunciso cuando Dios hizo la promesa del pacto con él. Esto hace que el pacto sea trans-dispensacional. En otras palabras, se aplica también a los gentiles (los incircuncisos).
2. Craig Hill y Earl Pitts, *Wealth, Riches & Money, God's Biblical Principles of Finance* [Salud, riqueza y dinero, Principios financieros bíblicos de Dios] (Atlaspark, South Africa: Ruach Communications), p.126
3. *Ibid.*

# SECCIÓN II

# La tarea de deshacer lo que se ha hecho

Oscar Wilde una vez escribió: «Experiencia es el nombre que todos le dan a sus errores».[1] Una vez que cometemos un error, tenemos que aprender de la experiencia y determinar evitar su repetición. Cada adulto en el mundo puede avalar el hecho de que la vida está llena de errores, y procurar aprender de ellos. Lo mismo es válido para la iglesia. Hay algunos errores y pensamientos equivocados que aún los cristianos somos propensos a cometer.

En esta sección vamos a examinar tres errores comunes que muchas iglesias siguen cometiendo: (1) eliminar el proceso hacia la prosperidad; (2) hacer suya la mentira de la pobreza; y (3) perpetuar la maldición de la esclavitud financiera.

**Nota**
1. Oscar Wilde (1854-1900), *El abanico de Lady Windermere*, Acto II (1892).

CAPÍTULO 7

# Recuperemos el proceso hacia la prosperidad

Debido a algunas posiciones teológicas extremistas que han distorsionado la verdad bíblica sobre la prosperidad, mucha gente simplemente ha desechado el tema de una vez y no quiere oír de él nunca más. Este es un truco del enemigo que implica que muchos se pierdan las bendiciones que Dios tiene para ellos.

Existe una credulidad peligrosa en el cuerpo de Cristo. «Credulidad» es creer sin verificar: porque el profeta Fulano de tal con el traje color rosa y las cadenas de oro lo dijo, entonces la gente cree en él. El problema es que lo que el buen profeta dijo, a menudo no está de acuerdo con la palabra de Dios. Puedo escuchar al Señor decir: «Yo no envié a esos profetas, pero ellos corrieron; ni siquiera les hablé, pero ellos profetizaron» (Jeremías 23:21). La prosperidad no se trata de un toque, de una caída o de una palmada en la frente. Se trata del proceso de Dios.

No hay nada negativo acerca de la prosperidad. De hecho, prosperidad es un precepto bíblico que significa «mejorar económicamente». El malentendido surge cuando los predicadores separan el proceso de Dios del tema de alcanzar prosperidad y enseñan solo un evangelio parcial y fracturado en este tema tan importante.

## El problema del evangelio parcial

Sanidad, liberación, prosperidad: ninguna de estas cosas simplemente aterriza en nuestra falda. Todas ellas requieren un proceso bíblico específico, y muchas iglesias pasan por alto esta realidad.

La Biblia dice que Dios *derrama* bendiciones (véase Malaquías 3:10). ¡Algunas veces una bendición es simplemente darle suficiente sensatez para levantarse de la cama y salir a trabajar! Dios nos ha dado a cada uno de nosotros el poder y la habilidad para lograr algo, pero *nosotros* tenemos que hacerlo. Dios abrió las puertas del cielo y le dio un trabajo; ahora usted tiene que tomarlo y hacer algo de él. Pasteles de dólares no nos llueven como maná del cielo. Muchos santos se quedan a un lado del camino, esperando que un súper milagro caiga del cielo luego de que alguien impone manos sobre ellos, golpea su cabeza, y grita: «Sé próspero. Aleluya».

Esta enseñanza incompleta se presenta bajo un manto de espiritualidad. La gente va a conferencias de prosperidad, levantan sus manos, gritan: «¡Shebaba!» y arrojan pañuelos «ungidos» – ¡y todavía están sin fondos! Mayormente, esta gente tiende a ser «dame, dame baratija ungida», que van por todo el país para obtener la unción de otras personas.

Dios quiere bendecirnos, ¡pero quiere bendecirnos a través de la raramente mencionada dinámica de la vida cristiana llamada trabajo! Somos trabajadores. Servidores del rey. Mucha gente no quiere oír acerca del trabajo, pero la verdad es que obtenemos nuestra unción haciendo lo que Dios nos manda.

El así llamado «mensaje de prosperidad» se presenta a menudo de una manera que insinúa que si seguimos el paso uno, el dos y el tres, entonces cuando nos despertemos mañana, alguien nos va a tocar en el hombro y ¡bang!, vamos a tenerlo todo.

«¿Quiere ser millonario?»

«¡Sí!»

«¿Esa es su respuesta definitiva?»

«¡Sí, sí, ahora mismo!»

¿Pero qué me hace pensar que solo porque soy cristiano estoy listo para manejar millones de dólares a la manera de Dios ahora mismo? ¿Qué es lo que me hace pensar que Dios piensa que estoy listo? ¿Qué es lo que me hace pensar que no voy a malgastar todo, por no haber pasado por el proceso de construir, aprender y crecer? Jesús nunca dijo que lo podríamos tener a nuestra manera, ahora mismo; en ningún lugar la Biblia enseña eso.

Trabajar significa que Dios va a hacer su parte, pero nosotros tenemos que hacer también nuestra parte. Y nuestra parte no es pararnos en las filas de la sanidad, la bendición, la prosperidad y la unción, accionando alguna palanca para obtener una porción de bendición. Nuestro trabajo es manejar adecuadamente lo que tenemos, e involucrarnos con negocios y asuntos financieros e inversiones de una manera que honre a Dios. Somos socios en un proceso.

## ¡Usted no puede cocinar su bendición en el microondas!

*Ellos pensaban que el reino de Dios iba a aparecer de inmediato.*
Lucas 19:11, RVR1960

Jesús contó la parábola de las minas en un contexto particular durante un tiempo en que los discípulos estaban esperando que el reino se estableciera de inmediato. La iglesia de hoy también ha incorporado esta mentalidad del *tengo-que-tenerlo-ahora* y está intentando transferir esto al pensamiento del Maestro. Esto contradice la exhortación de Romanos 12:2: «No se amolden al mundo actual, sino sean transformados mediante la renovación de su mente». No podemos acercarnos a Dios como si fuese una máquina expendedora, como si pudiésemos apretar un botón y obtener lo que queremos de él de inmediato.

Cuando yo era pequeño e íbamos a las reuniones de oración de los lunes por la noche, recuerdo a los diáconos orar: «¡Ahora mismo, Señor! *¡Ahora mismo!* ¡Hazlo *ahora*, Señor! ¡Aleluya, gracias en el nombre de Jesuuuús!" ¿Alguna vez oraron así en su iglesia? *¡Ahora mismo, Señor!* Luego volvíamos a la semana siguiente y el predicador iba a tener que orar lo mismo nuevamente, porque Dios no había hecho lo que le pedimos ahora mismo en el momento. «¡Ahora mismo, *una vez más*, Señor! El *ahora mismo, Señor*, nunca sucedió, porque Dios no es nuestro botones.

Esto señala otro problema de la enseñanza incompleta de cómo manejar el dinero apropiadamente: presenta a Dios como nuestro sirviente, un cadete a quien enviamos a que nos traiga «esto» o «aquello». Pero nosotros no tocamos nuestro timbre espiritual y hacemos que Dios se presente al instante. En realidad, él está buscando corazones deseosos que digan: «Ahora mismo, Señor, ¡estoy listo para hacer lo que tú quieres que haga!»

No podemos cocinar la espiritualidad en el microondas. No hay un camino rápido a la madurez así como no hay una camino rápido para que los chicos crezcan (¡contrariamente a lo que ellos pueden pensar!). Nadie alcanza una madurez instantánea. No hay una fórmula, ni poción, ni palabras mágicas, ni mirada santa que nos haga maduros en forma instantánea. En definitivo, tenemos que pasar a través de algo para poder saber algo, y tenemos que saber algo a fin de ser algo. Esto es un proceso, y los procesos toman tiempo.

Proclamar un evangelio que elimina el proceso impide el proceso. A su vez, eso nos hace sentir que Jesús debe venir *pronto*, que la sanidad para nuestro hijo va a venir *de inmediato*, que tenemos que lograr seguridad financiera *aho-*

*ra mismo*. Sin embargo, enfocarnos en episodios de sanidad instantánea pasa por alto la soberanía de Dios, distorsiona la teología y mueve a las personas a un falso pensamiento que altera su relación con Dios y les conduce a una actitud no bíblica, como la actitud de «tengo que tenerlo ya» del mundo.

## El pensamiento crea

*No se amolden al mundo actual, sino sean transformados mediante la renovación de su mente. Así podrán comprobar cuál es la voluntad de Dios, buena, agradable y perfecta.*

Romanos 12:2, énfasis agregado

Una vez que aprendemos y entendemos los propósitos de Dios para el dinero, es importante comenzar a caminar en esos propósitos e instalar e incorporar este entendimiento en nuestro proceso de pensamiento, a fin de renovar nuestra mente, tal como Pablo indica en Romanos 12:2.

Por ejemplo, ¿cuánto de nuestro último sueldo trajo una ganancia? La mayoría de la gente sabe cuánto dio en la ofrenda en la iglesia, cuánto necesita para el alquiler o la hipoteca, aproximadamente cuánto le van a costar los víveres cada semana, cuánto dinero necesita para mantener su hogar mes a mes, y así sucesivamente. Es importante conocer cada uno de estos gastos. Pero, ¿Cuánto dinero de su último sueldo realmente produjo algo, construyó algo, creó algo? En otras palabras, ¿cuánto de su ingreso retornó un beneficio adicional?

Es tiempo de comenzar a pensar de modo diferente. Su tarea puede haber terminado cuando dejó su lugar de trabajo y depositó su cheque en el banco, pero eso no debería implicar que su dinero deje de trabajar. El pensamiento es el génesis de una nueva creación. Comience a pensar diferente y pronto comenzará a comportarse de una manera diferente. Uno de los primeros pasos en entrenarse a pensar diferente es aprender a hablar afirmativamente, en voz alta. Entrénese para sacar declaraciones positivas de sus labios. Estas afirmaciones verbales pronto van a profundizarse en su espíritu. Estos pensamientos van a formar parte de su ser. Van a ser *usted*. ¿Por qué? Porque *el pensamiento crea*.

Si Dios puso el pensamiento en su mente y usted tiene el Espíritu Santo en su corazón, y los ejemplos de Jesús están guiando sus pasos, ¿que le puede detener? No me importa qué edad tenga. No me importa en qué posición esté en la vida. No me importa su altura, su peso, el color de su piel, su tono o su textura. Pronuncie declaraciones proactivas, repítalas en voz alta, métalas en su espíritu, ¡y luego *actúe* de acuerdo con ellas! No me importa si está en la universidad o si es dueño de un negocio. No me importa si está en la cima de su carrera corporativa, o si está en su camino ascendente. No me importa si es soltero o casado. Abra su boca y haga una firme declaración de fe a Dios. Meta este pensamiento en su espíritu.

Si alguna vez logra comprender la dimensión de nuestro gran Dios, esto va a aumentar enormemente la dimensión de sus sueños. Muchos cristianos todavía no han entendido esto, ¡y tienen a Dios de su lado! No puede expandir un reino sin los recursos para hacerlo. Y el proceso de acumular los recursos financieros necesarios para expandir el reino comienza con comercio, con negocios y con administración sabia del dinero.

Una vez que ponga en su mente la simple verdad de que Dios está guiando cada paso que da con él, y una vez que comienza a hacer un esfuerzo honesto, consistente de cuidar los negocios a la manera de Dios y hacer que su dinero cuente para su reino, estará activamente involucrado en extender el reino de Dios en la Tierra con el incremento material que él va a confiar a su cuidado.

Una de las lecciones de la parábola de Lucas 19 es que algo tangible, que cambiará la vida, va a suceder en el futuro. A fin de prepararnos para ello, tenemos que hacer algo ahora, hoy mismo. Lo que pasó en el futuro de los siervos fue enorme: su señor volvió, realizó un recuento de sus actividades en el negocio, juzgó y entregó recompensas masivas y castigos. No hubo excusas. Se les había dicho que hagan algo para su regreso.

Es importante que tengamos en mente que se trata de mañana, el año próximo, el tiempo por venir, el futuro, y nosotros debemos estar preparándonos para él *ahora mismo*. Estará aquí antes de lo que usted piensa.

## Mientras tanto

Uno de los mayores problemas que la gente enfrenta en su relación con Dios hoy es qué hacer en *entre tanto*. Como aprendimos, hace cerca de 2000 años, Jesús se dio cuenta que sus discípulos estaban anticipando que el reino de Dios en la Tierra había llegado, que Jesús iba a establecer su reino en ese momento y lugar. Jesús respondió a su percepción equivocada enseñándoles la parábola de las minas, que afirma en esencia que el rey viene, pero no ahora mismo. Va a haber una demora en su llegada. Y mientras tanto, el pueblo de Dios tiene la responsabilidad de realizar una *tarea específica*.

Cuando nuestro espíritu y nuestra mente nos dicen que Dios viene, nos encontramos preguntando en la carne: «¿pero cuándo?» Nos encontramos queriendo y esperando que Dios se mueva de inmediato, a menudo porque sentimos que lo necesitamos ahora mismo. Pero Dios no siempre obra de esa manera. Él es muy grande como para saltar cuando le decimos: «¡Salta!» Él sigue con su plan. Sigue su proceso. Recuerde la parábola de las minas y el noble: el señor dijo que iba a haber una demora en su llegada, pero en definitivo, *él vino*. Así lo hará Jesús.

La buena noticia acerca del «mientras tanto» es que no quedamos librados a nuestra propia suerte. Dios nos da recursos con los cuales hacer nuestro trabajo. Pablo dice en 2 Corintios 9:10 que Dios nos da una «semilla». ¿Qué hace usted con la «semilla»? No se come la semilla, se planta. Cuando la semilla trae fruto, se come parte del fruto, mas no todo. ¿Por qué? Porque el fruto también contiene semillas para siembras futuras, y si se come todas las semillas, no va a quedar nada disponible para multiplicarse.

Prosperidad, crecimiento y logros no ocurren instantáneamente. Usted no planta una semilla en el suelo, le agrega un poco de agua y *¡bum!*, se convierte en una planta. Lleva su tiempo. El señor puso el dinero bajo el cuidado de sus sirvientes, junto con instrucciones sobre lo que debían hacer con el dinero, y luego se fue. Y fue durante ese período de tiempo que ellos hicieron trabajar el dinero, que el mismo se incrementó. Todo esto fue parte de un proceso, un proceso que debemos transformar en prosperidad.

CAPÍTULO 8

# La pobreza no es una virtud

*Los planes bien pensados: ¡pura ganancia!*
*Los planes apresurados: ¡puro fracaso!*

PROVERBIOS 21:5

Como aprendimos en el capítulo anterior, el cumplimiento de las promesas de Dios involucra un proceso. Es aún cierto que la paciencia es una virtud; sin embargo, algunas personas en verdad creen que la pobreza es un signo de virtud, santidad o piedad. Equivocado.

La idea de que la pobreza es algo así como una señal de espiritualidad es una mentira que el diablo usa para confundir a los cristianos. La Biblia habla casi cuatro veces más de prosperar que de la pobreza. Ya que prosperar aparece más a menudo en la palabra de Dios que la pobreza, deberíamos prestarle más atención, a fin de entender mejor lo que Dios dice al respecto, y ser cautelosos de los esquemas del enemigo que está tratando de robarnos lo que Dios desea para nosotros.

La Biblia nos advierte contra una forma de pensar que conduce a la pobreza, aun identificándola como vergonzosa, y algunas veces como consecuencia del pecado. Comencemos con una rápida mirada a la palabra de Dios referida a la pobreza, de Proverbios, el libro de la sabiduría:

Un corto sueño, una breve siesta, un pequeño descanso, cruzado de brazos... ¡y te asaltará la pobreza como un bandido, y la escasez como un hombre armado! (6:10–11; 24:33–34).

La riqueza del rico es su baluarte; la pobreza del pobre es su ruina (10:15).

Unos dan a manos llenas, y reciben más de lo que dan; otros ni sus deudas pagan, y acaban en la miseria (11:24).

El que desprecia a la disciplina sufre pobreza y deshonra; el que atiende a la corrección recibe grandes honores (13:18).

Todo esfuerzo tiene su recompensa, pero quedarse sólo en palabras lleva a la pobreza (14:23).

No te des al sueño, o te quedarás pobre; manténte despierto y tendrás pan de sobra (20:13).

Los planes bien pensados: ¡pura ganancia! Los planes apresurados: ¡puro fracaso! (21:5).

Pues borrachos y glotones, por su indolencia, acaban harapientos y en la pobreza (23:21).

El tacaño ansía enriquecerse, sin saber que la pobreza lo aguarda (28:22).

Como indican los versículos anteriores, la Biblia habla *contra* una actitud que conduce a la pobreza, acciones y negligencias que pueden conducir a la pobreza, ¡y estos ejemplos vienen solo de un libro de la Biblia! En ninguna parte de la Biblia la pobreza es identificada como noble. No hay nada «santo» o espiritual en la carencia.

## El problema de la pobreza

Un problema de la pobreza es que cuando la estamos experimentando, no podemos dar de nuestras finanzas para beneficio del reino de Dios, porque estamos luchando constantemente para ser receptores de ayuda económica para nuestro sustento básico.

Una de las maneras en que el enemigo nos atacará en el manejo de nuestro dinero es tratar que nos llenemos de deudas. Si todos sus recursos van a pagar deudas, usted no tiene nada para bendecir a otro, que es exactamente lo que el enemigo desea. Él desea que luche toda su vida, no logrando nunca subsistir ni ser capaz de ayudar a alguien en necesidad. Pero esto no es lo que Dios desea para usted. Su intención es que tengamos provisión abundante y que seamos una bendición para otros.

No puedo decirle la cantidad de personas que ha venido con lágrimas en los ojos, diciendo: «Pastor, usted sabe que realmente deseo poder dar a este ministerio o aquella obra, pero no estoy en condiciones de hacerlo ahora». Si hay una causa para el reino a la cual no está en condiciones de aportar, se ha confundido en alguna parte y tiene que hacer lo que sea para rectificar las cosas. Si se ha cavado usted mismo el pozo, lo primero que tiene que hacer es comenzar a trabajar para salir. Salga afuera de manera que pueda ser un testimonio positivo y así pueda contribuir a las causas del reino. La Biblia dice que Dios nos da todas las cosas que tenemos como provisión para el trabajo del reino. Si usted no tiene es porque se apartó de alguna manera del camino de Dios. ¡Pero no agache la cabeza y se desanime; solo haga lo que corresponde! Jesús no ha vuelto aún. Pague sus cuentas. Cuide su negocio. ¡Retorne al juego!

La mayoría de la gente que conozco no está en problemas porque no tiene dinero; está en problemas porque no ha manejado bien el dinero que tiene. No es que Dios no los ha bendecido; es que no han usado sabiamente aquello con que él los bendijo. Recuerde, no es cuánto dinero obtiene; es *cómo maneja* lo que obtiene.

Me parte el corazón ver gente que ama al Señor pero es incapaz de sembrar en el reino porque no ha sido fiel con el dinero y las bendiciones materiales que Dios le ha dado. Si está preocupado sobre cómo va a subsistir y tiene a los acreedores detrás suyo y si se está quedando sin dinero antes que termine el mes, ¡algo está realmente mal! Ese no es el camino de Dios para usted.

Lo sé. He estado ahí. He hecho eso. Usted no está solo. Cuando llegaba al día diecinueve o veinte del mes, estaba en serios problemas. No tenía paz. Sentía que estaba atascado en un ciclo terrible. Más o menos cada veinte días tenía dolor de cabeza, y era porque no podía pagar mis cuentas. ¡Mi esposa y yo estábamos confundidos! Así que fui a la palabra, estudié lo que Dios dice sobre el tema, y aprendí sobre este proceso de cómo hacer que mi dinero cuente, en lugar de tener siempre que contar mi dinero.

## Anime a otros

Anime también a otros a romper los viejos esquemas y comenzar a ser responsables con su dinero. Si hay gente que le debe dinero a quienes ha dicho: «Devuélvemelo cuando puedas», usted ha predicado una mentalidad de pobreza a esas personas, animándolas a permanecer en deuda y básicamente les ha dado permiso para ser irresponsables. Cuando usted toma un crédito en un banco, no le dicen: «Querido, ore a Jesús y páguenos cuando pueda». Usted entorpece el crecimiento espiritual cuando una persona le debe dinero pero no lo hace responsable de que se lo devuelva.

Cuando usted presta dinero sobre la base de «págamelo cuando puedas», lo probable es que no reciba su dinero de vuelta. No importa cuánto usted ama a Jesús y está en su camino al cielo, déle un beso de despedida, porque probablemente nunca verá su dinero de vuelta, y esa persona irá a su próximo préstamo fácil, sin haber aprendido nada. Dé el dinero como un regalo o establezca un claro plan de devolución, pero si usted no está en situación de perderlo, no lo preste. Ayude a sus hermanos y hermanas en el Señor haciéndoles económicamente responsables.

## Rompa el ciclo

Pobreza es destitución, un estado de *carencia*. No hay nada espiritual acerca de la pobreza. Mi amigo comediante Steve Harvey dice a menudo: «¡Lo mejor que puedes hacer por la gente pobre es no ser uno de ellos!». Lo que apunta Steve es mostrar que el pobre no puede ayudar al pobre. Si usted está en pobreza, rompa el ciclo ahora. Salga de la deuda para que pueda ser un contribuyente del reino, y pueda vivir en las bendiciones de Dios. Nuestro Dios es un Dios dador que es rico más allá de toda medida, como leemos en 1 Crónicas: «De ti proceden la riqueza y el honor» (29:12).

Un sueldo es dinero por el cuál usted trabaja. La riqueza es dinero que *trabaja para usted*. Las riquezas lo llevan al ámbito de lo que desborda. Las riquezas tienen que ver con lo que tiene luego que ha pagado todas sus cuentas y satisfecho todas sus obligaciones y necesidades. Las riquezas tienen que ver con recursos prescindibles que van más allá de sus necesidades. Las riquezas existen porque su dinero trabaja. *Ese* es el deseo de Dios para sus hijos. Puede ser que el deseo de Dios para su vida financiera comience saliendo de la deuda y no siendo más esclavo de cuentas y créditos. Para usted, el tema puede ser no cuánto dinero hace o cuánto dinero da, sino si está manejando lo que tiene de manera que honra a Dios poniéndolo en primer lugar con respecto a sus finanzas.

Nuestro Dios es rico más allá de toda medida. Claramente, la pobreza no es virtud. ¡Pero la riqueza en manos de los sabios hace maravillas!

# Capítulo 9

# Esclavitud o libertad: Los siete indicadores

Estoy preocupado por la iglesia porque hay muchos cristianos que están en servidumbre financiera y han caído bajo la maldición de la esclavitud económica. Dios es claro en que este no es su camino. Él nos desea libres de deuda y carga monetaria opresiva.

Si usted está en servidumbre financiera, no hay nada de que avergonzarse. Solo necesita salir de ella. El primer paso es determinar si lo está y de qué forma. Los siguientes siete indicadores le ayudaran a definir si está o no en esclavitud económica:

## Indicador 1:
### Usted tiene más fe en los bienes materiales que en Dios

> *Dices: «Soy rico; me he enriquecido y no me hace falta nada»; pero no te das cuenta de que el infeliz y miserable, el pobre, ciego y desnudo eres tú.*
>
> Apocalipsis 3:17

Como indica esta Escritura, la gente en la iglesia en la próspera ciudad de Laodicea pensaba que no necesitaba a Dios. Aunque eran cristianos, se habían hecho engreídos y auto-suficientes, confiando en su riqueza más que en su Dios y poniendo su fe en las posesiones materiales.

Si usted alguna vez se encuentra pensando: *¡Ah! Miren lo que he logrado acumular para mí*, ¡tenga cuidado! A eso, Dios responde: «Al orgullo le sigue la destrucción; a la altanería el fracaso» (véase Proverbios 16:18). Confiar en las cosas materiales (que se desvanecen, se herrumbran, se apolillan y desaparecen) es como confiar en un bote con un casco podrido. Finalmente, el fondo se partirá. A decir verdad, no tenemos nada firme aparte de Dios.

No acumulen para sí tesoros en la tierra, donde la polilla y el óxido destruyen, y donde los ladrones se meten a robar. Más bien, acumulen para sí tesoros en el cielo, donde ni la polilla ni el óxido carcomen, ni los ladrones se meten a robar (Mateo 6:19-20).

En Apocalipsis 3, Dios exhorta a los cristianos de Laodicea a arrepentirse. Les dice: «Yo reprendo y disciplino a todos los que amo. Por lo tanto, sé fervoroso y arrepiéntete» (3:19). Si está confiando en sus bienes materiales más que en Dios, ¡arrepiéntase! Él nos reprende y disciplina porque nos ama y sabe que hay caminos más seguros y provechosos para seguir.

## Indicador 2
## Usted pone sus deseos y motivaciones materiales antes que su deseo por Dios

¿Es más importante para usted lo que desea que lo que Dios desea para usted? ¿Busca su guía y sabiduría antes de hacer gastos mayores que los normales? Cuando usted pone sus propios deseos por encima de los deseos de Dios y comienza a pensar: *Veo lo que quiero y lo voy a conseguir sea como sea. Tengo el dinero para comprarlo, tengo mi tarjeta de crédito, tengo efectivo y voy a comprarlo*, ¡está en esclavitud! ¿Qué si Dios no desea que lo tenga? ¿Qué si él tiene en mente algo que es mucho mejor? ¿Ha avanzado tanto en la esclavitud que se ha metido en aprietos fuera de su voluntad?

## Indicador 3
## Usted tiene un apremiante deseo de hacerse rico rápido.

Proverbios 28:20 se lee: «El que tiene prisa por enriquecerse no quedará impune». Tratar de hacerse rico rápidamente, tener prisa por enriquecerse, no es de Dios. Por ejemplo, tratar de hacerse rico rápido jugando a la lotería u otros juegos de azar no es de Dios. Eso es esclavitud. No importa si usted es rico o pobre, si está apurado por hacerse rico, es todo lo mismo: está en esclavitud.

## Indicador 4
### Usted se retrasa para pagar sus cuentas mensuales

Si usted está siempre retrasado en el pago de sus cuentas, está en esclavitud. La Biblia nos advierte: «Nunca digas a tu prójimo: "Vuelve más tarde; te ayudaré mañana", si hoy tienes con qué ayudarlo» (Proverbios 3:28). En otras palabras, no diga que va a pagar en término y luego no lo lleve a cabo.

Cuando debe algo a alguien y no lo devuelve cuando prometió (¡o no lo paga nunca!), esa es una pobre publicidad para una forma de vivir acorde con la voluntad de Dios. ¿Cómo puede hablarle a la gente de Jesús y cómo él suplirá todas sus necesidades cuando usted mismo no está viviendo con Dios como el que suple sus necesidades? ¡Pague su deuda! ¡La persona a quién está tratando de testimoniar no desea su Jesús; desea el dinero que usted le debe!

## Indicador 5
### Usted compromete su ética cristiana

Cuando algunas persona que deben dinero comienzan a recibir llamadas de reclamo, su respuesta es que mienten, cambian su número telefónico, o consiguen una casilla postal o cambian su dirección; ¡todo en un esfuerzo para evitar a sus acreedores! ¿En qué parte de la Biblia se nos aconseja engañar, estafar y robar? Cuando la gente hace lo posible por *no pagar* lo que legítimamente deben, están robando, lisa y llanamente. Esto compromete la ética cristiana. Y es como una señal en la valla de un bulevard que grita: «¡Estoy en esclavitud!»

Principios morales, ética y una vida conforme a las leyes de Dios son un testimonio a todos los que están a nuestro alrededor. No se comprometa. Si usted está dispuesto a comprometerse, está dispuesto a ceder. Cuando está dispuesto a ceder, está listo para quebrarse. Cuando está dispuesto a quebrarse, ha arribado a la puerta del diablo.

## Indicador 6
## Usted no hace inversiones ni ahorra para el futuro

Usted está en esclavitud cuando no se prepara para el futuro ahorrando e invirtiendo con la mirada puesta en sus necesidades futuras. En ese caso digo: «¡Anda, perezoso, fíjate en la hormiga! ¡Fíjate en lo que hace, y adquiere sabiduría!» (Proverbios 6:6).

La hormiga es un insecto pequeño y astuto. Está siempre planeando y trabajando con anticipación. Nunca he visto una hormiga haragana, sentada sobre sus patas, tomando un descanso. Siempre están llevando comida, construyendo hormigueros, explorando nuevas fuentes de provisión. ¡Las hormigas están siempre en marcha! Trabajan previendo almacenar para necesidades futuras. Nadie les enseñó a hacerlo; es solo su instinto natural saber que lo van a necesitar. Si una hormiga puede hacer eso, ¿no lo puede hacer usted? Usted es más inteligente que una hormiga.

Usted necesita tener al menos tres a seis meses de sueldo ahorrados como una red de seguridad. Si no lo hace, está en peligro de caer en esclavitud financiera.

## Indicador 7
## Un hombre obliga a su esposa a trabajar

Correré el riesgo de ser considerado pasado de moda sobre esto. Deseo presentar algunos temas que espero que le inducirán a mirar algunas cosas desde una perspectiva levemente diferente. Aquí va: Si un hombre pone a su esposa a trabajar para ayudar a pagar las cuentas, está en esclavitud. Si su esposa trabaja solo porque usted necesita su ingreso para sobrevivir, puede ser que usted esté viviendo más allá de sus necesidades o ha sido poco sabio en lo económico. Eso lo pone en esclavitud. Una esposa solo debe trabajar si lo desea. Ella no debería sentir *obligada* a trabajar.

Muchas parejas cristianas en la sociedad de hoy se han dejado convencer que es necesario que los dos trabajen para subsistir. La gente se ha vuelto tan codiciosa y afectada por las normas de la cultura, manteniéndose a la par de los demás, que no desean humillarse lo suficiente como para vivir en un departamento mientras ahorran para invertir en una casa en el futuro. En cambio, se meten en una casa que no pueden pagar. En lugar de manejar el Chevrolet usado que pueden mantener, se apresuran a pagar el anticipo de un nuevo BMW, y no pueden siquiera pagar el combustible y el mantenimiento. Su solución es que la esposa vaya a trabajar.

Déjeme aclarar que abogo por esta postura solo en los casos en que hay hijos pequeños en el hogar. Probablemente debería decir: «Usted está en esclavitud si su esposa es madre y usted la obliga a salir a trabajar». Este indicador de esclavitud financiera está también relacionado con nuestras prioridades y nuestros deseos materiales y motivaciones. En ninguna manera es mi intención devaluar los increíbles dones, talentos, logros académicos e inteligencia profesional de las mujeres que también son madres. Mi punto (y esto puede ponerme en problemas con algunos lectores) es que la responsabilidad básica por la estabilidad financiera de la familia descansa directamente sobre el esposo.

Donde sea posible, creo que el fundamento económico del hogar es la responsabilidad del hombre, y que el ingreso de la esposa debería ser una elección opcional que la pareja hace a la luz de la prioridad del cuidado de sus hijos. No estoy hablando bajo ningún concepto en forma dogmática. No estoy hablando de esos años complicados cuando un marido está en la escuela y su amorosa esposa lleva la carga económica. No estoy hablando de los tiempos de enfermedad, inmovilidad u otras circunstancias inesperadas, incontrolables que todas las parejas enfrentan algunas veces en la vida. Estoy presentando un principio. Estoy proponiendo el punto de que las responsabilidades básicas para el fundamento económico del hogar deben ser cubiertas cuando fuera posible por el esposo, e idealmente, que el ingreso de la esposa sea la «salsa financiera» de la familia.

Estoy refiriéndome particularmente al hogar que incluye chicos. He hablado con muchas buenas madres que luchan con la auto estima y la realización, porque están en tal esclavitud económica que tienen que trabajar, y sus responsabilidades laborales les causan gran frustración al no poder estar en el hogar con sus hijos, especialmente durante los años tiernos y formativos. El deseo del corazón de una madre es estar en el hogar en lugar de en la sala de reuniones, frente a la computadora o en un escritorio.

Por otro lado, sé de muchas parejas que tienen a menudo que tomar la dolorosa decisión de demorar tener chicos porque literalmente no pueden permitirse que la esposa deje de trabajar para comenzar la familia que desean. Vez tras vez expresan su lamento por las elecciones económicas y prioridades desacertadas que los han empujado a la esclavitud económica. La mujer trabajadora de Proverbios 31 es tan dotada como su contraparte masculina, pero parece haber aprendido a balancear su vida profesional de trabajo con la vida doméstica íntima con su familia y sus hijos. Cuando ella es forzada a elegir entre un sueldo y el tierno cuidado por sus hijos en un nivel que *solo ella* puede proveer, ese matrimonio está en esclavitud económica. Cuando ella tiene que elegir entre escuchar a un jefe asignarle otra tarea en su trabajo y escuchar a una niñera decirle sobre el primer paso del bebé o una nueva palabra que su hijo ha dicho, ese matrimonio está en esclavitud económica.

Esto no es decir que su esposa no puede trabajar para traer algún ingreso más allá del que vaya a las necesidades básicas. Pero depender de ella para ayudar a proveer para lo esencial, las necesidades, no es la manera de Dios. El hombre es responsable de las necesidades básicas de la familia. Él está para «alimentar y mantener» a su esposa y ser el proveedor. Si la familia está en un dilema financiero, el hombre es responsable de salir de él.

Me sorprende cuántos hombres desean ser cabeza de la familia, aquel que está a cargo, el jefe, pero a menudo no desean asumir todas las responsabilidades que vienen con esa posición. Mi hermano, si desea ser la cabeza, entonces séalo en *toda* forma. No puede cortar y elegir.

Jovencitas, si un hombre no puede cuidar de sí mismo antes de casarse con usted, ¿qué le hace pensar que será capaz después? Antes de casarse, observe cómo maneja sus propias responsabilidades, porque traerá al matrimonio esos mismos hábitos. «Así mismo el esposo debe amar a su esposa como a su propio cuerpo. El que ama a su esposa se ama a sí mismo» (Efesios 5:28).

Advierto y animo a las parejas jóvenes sobre este tema. Por favor, por favor, discutan cuidadosa y pausadamente este asunto juntos. Espero que luchen con esto antes de la boda, pero si no lo han hecho aún, bajen de las nubes del encanto matrimonial lo suficiente para conversar sobre estos escabrosos temas económicos. Háganlo antes de que bajen demasiado por la pendiente y pierdan el rumbo en el desierto económico de una pobre planificación y prioridades desubicadas.

Si usted se lo propone, su familia *puede* vivir con un ingreso. Ponga a Dios primero y priorice su futuro. Dios cuidará de usted; él lo respalda. Todo lo que él pide es que se humille bajo su poderosa mano y él lo exaltará a su debido tiempo. Deposite toda su ansiedad en él, porque él cuida de usted (véase 1 Pedro 5:6–7).

## De la esclavitud a la libertad

El deseo de Dios para nosotros no es que estemos en servidumbre financiera. El diablo ata. Dios libera. ¡Su deseo es que experimentemos la satisfactoria disciplina de la libertad financiera!

Es Satanás quien nos ha convencido que las cosas de este mundo pueden satisfacer nuestras necesidades mejor que Dios. Este pensamiento conduce a la esclavitud. La libertad financiera viene de Dios. Si tiene fe en la palabra de Dios y si sigue su proceso para tratar con el dinero, él proveerá.

La libertad financiera requiere disciplina. Si va a ser financieramente libre y exitoso, tiene que ser disciplinado. Le diré la verdad: ¡requiere trabajo! Pero vale la pena. ¿No prefiere hacer un pequeño esfuerzo por salir de la esclavitud antes que permanecer en servidumbre por el resto de su vida?

Mucha gente hoy se ha dejado arrastrar por la deuda. Sea una liquidación, una oportunidad de fin de mes, una tarjeta de crédito con bajo interés o una oferta de no pagar por 30 días, son arrastrados a endeudarse porque no ejercen auto-control para decir: No.

Dios nos ha llamado a la disciplina, al auto-control, al espíritu de una mente sensata. El fruto del Espíritu es amor, alegría, paz, paciencia, amabilidad, bondad, fidelidad, humildad y dominio propio (véase Gálatas 5:22) *en todas las áreas,* incluyendo nuestros asuntos financieros.

¿Tiene usted una mente sensata para manejar su dinero? Solo cuando tiene esto claro, solo cuando está en condiciones de practicar el auto-control, la disciplina y el espíritu de una mente sensata, puede salir de la esclavitud financiera a la libertad financiera.

*Con la mano derecha ofrece larga vida;*
*con la izquierda, honor y riquezas.*

PROVERBIOS 3:16

# Sección III

# Economía 101

Cualquiera que alguna vez haya tratado de terminar con un mal hábito sabe que una clave para el éxito en el largo plazo es reemplazar ese mal hábito con un *buen hábito nuevo*. Lo mismo es cierto con las finanzas.

En la sección II, examinamos varias posturas equivocadas que a menudo existen en la iglesia respecto al dinero. Ahora miraremos a prácticas financieras sólidas y actitudes mentales fuertes con las cuáles habrá que reemplazar las posturas equivocadas. Para ponerlo de otra manera, ahora que hemos visto lo que no debemos hacer, vamos a ver lo que debemos hacer.

Una parte clave de este proceso es edificar su conocimiento y entendimiento financiero. Esta sección resaltará conceptos financieros clave, pondrá alguna base preparatoria económica, le dará la comprensión espiritual y teológica necesaria para el éxito óptimo, y lo equipará con un fundamento bíblico básico para entender la importancia de alcanzar y mantener la salud financiera.

En esta sección, veremos los tres propósitos del dinero; las bases del sistema monetario; el sistema de depósito a cuenta en el reino; y las siete claves para que su dinero cuente.

CAPÍTULO 10

# Las tres propósitos del dinero

La parábola de las minas en Lucas 19:11 revela que el dinero es una herramienta, una prueba y un testimonio. Examinemos estos tres propósitos del dinero.

### El dinero es una herramienta

Somos responsables de usar correctamente las herramientas que Dios nos da para cumplir nuestras tareas como sus mayordomos. Lea esta frase nuevamente. El dinero nos ha sido dado como una *herramienta* para hacer avanzar su reino. ¡No es una posesión! Suponer que el dinero es suyo lo llevará a fracasar de modo peor que el tercer siervo en la parábola de las minas. El dinero es simplemente una herramienta, un medio de intercambio en el ámbito de la Tierra. Es el medio por el cuál la riqueza es transferida del reino de las tinieblas al reino de la luz.

El dinero no es para ser idolatrado o amado. No tiene poder en si. No hay autoridad en él. Es amoral. No tiene vida. No es siquiera «la raíz de todos los males», como tanta gente incorrectamente cree. La Biblia dice que el amor al dinero es una raíz para toda clase de mal (véase 1 Tim 6:10).

En Lucas 19 las instrucciones del noble eran para tomar la mina, la herramienta, y hacer negocio con ella. Es lo mismo que si les hubiera dejado una pala, diciéndoles que renovaren el jardín con ella, sembraran semillas, dieran vuelta la tierra, hicieran nuevas cosechas, o si les hubiera dicho que tomaran un martillo y una sierra y construyeran una casa nueva. El dinero que el señor les dio era una herramienta: ¡Tomen esta herramienta y pónganla a trabajar creando nuevos recursos!

El problema con el tercer siervo era que él no se dio cuenta que el dinero era una herramienta. Él dijo en Lucas 19:20, «Lo he tenido *guardado*...» ¡Él *guardó* el dinero de su señor! Pensaba que el dinero era una *posesión*. No entendió la dinámica del dinero como una herramienta con la cuál hacer negocio. Aun cuando recibió instrucciones en contra, asumió que su señor quedaría satisfecho si meramente lo conservaba, lo enterraba y lo escondía. ¡No! El señor deseaba que lo incrementara. Que lo invirtiera. Que hiciera negocio con él.

El dinero es una herramienta con la cuál Dios bendice y da poder a su pueblo. Es una herramienta con la cuál mide nuestro compromiso y relación espiritual con él, para ver hasta qué punto puede confiar en nosotros. Cuando comenzamos a ver eso, entonces estamos en camino hacia el próximo paso...

## El dinero es una prueba

El dinero dado por el señor era también una prueba. Volvió para ver lo que sus siervos habían hecho mientras él estuvo lejos.

La mayor área de prueba espiritual en nuestra vida no es la cantidad de demonios que hemos expulsado, cuánta gente enferma hemos sanado o aun si hablamos en lenguas; es la forma en que manejamos los aspectos prácticos de la vida. Nuestro contrato de salvación no tiene una cláusula de exclusión de los problemas de la vida. Cuando Dios nos salva, no implica que nunca lloverá sobre nosotros de nuevo, o nunca seremos atacados por el enemigo, o nunca enfrentaremos más vicisitudes. La evidencia de nuestra fe no es que aprendimos a *sortear* las pruebas de la vida. Más bien, es que marchamos a *través* de las pruebas y salimos del otro lado con un testimonio que afirma: «¡Nadie sino Dios podía haber logrado esto!»

El dinero es una prueba para:

- Medir nuestro crecimiento
- Determinar nuestra capacidad de obedecer y aprender
- Establecer nuestras recompensas (conforme a la nota que sacamos en la prueba)

El dinero que el señor dio a los siervos en Lucas 19 para hacer negocio fue una prueba para medir su crecimiento. ¿Cómo sabemos eso? Porque el señor dijo al que hizo las cosas bien: «Tú comenzaste con uno. Ganaste diez. Ahora te daré diez ciudades para gobernar» (véase Lucas 19:16–17). *Progreso*. Es un proceso. El otro siervo ganó cinco. El señor le dijo, «Tú comenzaste con uno. Ahora tienes cinco. Te daré cinco ciudades» (véase Lucas 19:18–19). Este proceso significa progreso y crecimiento.

Los dones que Dios nos ha dado a cada uno de nosotros no son para nosotros; son para ser utilizados para engrandecer y expandir su reino. No habrá nunca una prueba más significativa en nuestra vida que la manera en que manejamos las bendiciones materiales que Dios nos da.

El señor de los siervos les dio algo, plantó en su vida y dijo: «Deseo ver un rendimiento de esto cuando vuelva». Los estaba probando. Les dio el dinero (la herramienta) y se fue. Cuando volvió, esperaba una ganancia. Les dejó hacer, y cuando volvió, deseaba encontrar progreso, crecimiento y beneficio. Era una prueba.

Dios trabaja de la misma manera. Ha plantado algo en toda vida. La pregunta es: ¿qué clase de rendimiento va a obtener de lo que plantó en usted? Para usar un término contable, él espera un rédito de la inversión de cada uno de nosotros. Así como el señor llamó a los siervos a cuentas cuando volvió, Cristo también nos llamará a rendir cuentas ¿Qué clase de rédito de inversión está obteniendo de usted en este momento? Él ha invertido mucho en usted y espera que la inversión sea rentable. Una de las razones por la que él ha permanecido con algunos de nosotros, a pesar nuestro, es porque está esperando que su inversión en nosotros sea redituable algún día. Dios nos ayudará a pasar la prueba en tanto no dejemos de esforzarnos. El diablo nos habría eliminado hace mucho tiempo si Dios no le hubiera impedido arrebatarnos la victoria.

Cuando manejamos bien el dinero, nos mostramos dignos de manejar verdaderas riquezas, riquezas espirituales. Lucas 16:11 (RVR1960) afirma: «Pues si en las riquezas injustas no fuisteis fieles, ¿quién os confiará lo verdadero?» «Riquezas injustas» significa *dinero*. Esto no significa injustas en el sentido de malas o nocivas; simplemente significa que no hay virtud en el dinero en sí. *Injustas* en este uso significa que aunque no es santo, tampoco es necesariamente profano. Es un valor neutro. No hay nada de espiritual en el dinero mismo. Si usted no ha sido capaz de manejar el dinero común, ¿quién pondrá a su cuidado las riquezas verdaderas?

Si usted demuestra ser irresponsable en la forma en que maneja sus riquezas terrenales, será privado de las *verdaderas* riquezas. La palabra «verdaderas» pone las cosas bajo una luz totalmente diferente. El versículo indica dramáticamente que hay algo más profundo y más importante que las riquezas terrenales. En otras palabras, algo más valioso y significativo que el mero dinero en si. La forma en que manejamos las riquezas terrenales, el dinero, es un indicador de cómo (y si) se nos permitirá manejar estas mejores riquezas.

## El dinero es un *testimonio*

¿Cuántos cristianos millonarios hay? Cada año, la revista *Forbes* publica dos listas anuales: los 100 mayores billonarios y los 100 mayores millonarios de todo el mundo. Verifique la lista y vea cuántos de ellos son cristianos profesantes, creyentes. Si nosotros los cristianos estamos afirmando que nuestro Padre es tan rico en casas y tierra, ¿por qué no estamos muchos de nosotros en esas listas? Debería haber muchos más. ¡Pienso que es porque los cristianos no somos tan fieles en manejar dinero como deberíamos serlo y Dios no puede confiarnos mucho de él!

Aquí hay un comentario de Jesús sobre esa teoría:

> El que es honrado en lo poco, también lo será en lo mucho; y el que no es íntegro en lo poco, tampoco lo será en lo mucho. Por eso, si ustedes no han sido honrados en el uso de las riquezas mundanas, ¿quién les confiará las verdaderas? Y si con lo ajeno no han sido honrados, ¿quién les dará a ustedes lo que les pertenece? (Lucas 16:10–12).

El dinero mismo testifica contra nosotros si no lo manejamos correctamente. La gente que anda diciendo cosas como: *Si solo tuviera un millón de dólares...*, son generalmente las mismas personas que están permanentemente sin fondos, porque la mayoría haría exactamente lo mismo con un millón de dólares que hace con veinte dólares.

La mayoría de la gente maneja su nuevo aumento de sueldo de la misma manera que manejaron el último: lo gastan. Mejoran su «estilo de vida». Se equiparan aun más con el resto. Celebran. No aprenden. No crecen. El testimonio de su destreza en el manejo del dinero es que no están aprendiendo nada acerca del proceso de Dios para el manejo del dinero. Es sumamente extraño encontrar la persona que posee la sabiduría para *invertir* su aumento y mantener su estilo de vida en el mismo nivel, incrementando de esta manera su margen de recursos.

¿Por qué no debería haber más cristianos en las listas anuales de *Forbes*? Para un cristiano, el buen manejo del dinero es un testimonio viviente al resto del mundo. Cuando manejamos el dinero con astucia, eso habla bien de nuestro propio Padre y de nuestro estado individual en temas espirituales. Debemos ser fieles en recopilar un sólido testimonio respecto a cómo tratamos con las finanzas, porque seremos tenidos por responsables cuando nuestro Señor vuelva, y él nos dijo que seremos llamados a dar cuentas cuando vuelva. El día vendrá cuando cada uno escuchará a Dios decir: «Eres el próximo, te toca el turno de aparecer ante el tribunal de Cristo» (véase 2 Corintios 5:10). Él te pedirá que rindas cuentas; nos anticipó también que esto ocurriría, al decir: «Ninguna cosa creada escapa a la vista de Dios. Todo está al descubierto, expuesto a los ojos de aquel a quien hemos de rendir cuentas» (Hebreos 4:13).

¿Qué clase de testimonio está usted edificando en base a los recursos que él le ha confiado? ¿Qué excusa tendrá cuando le pregunte qué pasó con la mina que dejó a su cuidado? ¿Está enterrada en el piso? ¿La gastó? ¿O la mina que le dio ganó aun más minas?

Algunas veces nuestro testimonio surge de simplemente apegarnos a Dios en las más difíciles circunstancias, incluso apremios económicos. Hay personas que tienen un testimonio, no porque han sido tan buenas tan fieles o tan amables, sino porque Dios les hizo escalar la montaña, y toda vez que el diablo trató de poner un obstáculo en su camino, siguieron a Dios y él las condujo alrededor, por encima o a través de él. Eso es el valor de un testimonio: cuando el enemigo ataca, usted confía en Dios y soporta el ataque. Cuando el enemigo ataca sus finanzas, usted confía en Dios para pagar sus cuentas con balance cero en su cuenta corriente y mantiene el curso con la diligencia debida. Cuando el enemigo insinúa preguntas en su mente, Dios le da el poder para resistir las artimañas del diablo.

## Un ejemplo viviente

En 3 Juan 2, el autor escribe: «Querido hermano, oro para que te vaya bien en todos tus asuntos y goces de buena salud, así como prosperas espiritualmente».

Dios desea que usted sea un ejemplo viviente de *su* prosperidad, una prosperidad que incluye tanto abundancia espiritual como bendiciones económicas. Él desea que usted sea próspero *a pesar* de lo que no está en su bolsillo. *A pesar* de la clase de auto que maneje. *A pesar* de la clase de casa en que viva. *A pesar* de la clase de ropa que use. Él desea que tenga una prosperidad arraigada en la realidad de que el dinero es solo una herramienta, una prueba y un testimonio para las verdaderas riquezas que están más allá de los confines materiales de este mundo en decadencia.

Un himno favorito de muchos cristianos es una sencilla canción llamada «Sublime Gracia». Una de mis estrofas favoritas dice:

*En los peligros o aflicción*
*que yo he tenido aquí*
*su gracia siempre me libró*
*y me guiará feliz.*

No se avergüence de testificar que usted ha pasado a través de muchos «peligros y aflicciones». No se avergüence de dar testimonio que el diablo estaba tratando de detenerlo a cada paso en el camino, pero Dios le dio el poder y la gracia para escalar la montaña y estar en pie como un campeón para darle a él toda la alabanza. La gracia de Dios lo ayudó a sortear las trampas de manera que pudiera ser un testimonio viviente de él. Tratado, probado y verdadero, una herramienta perfeccionada en sus manos, lista para servirle hasta lo sumo.

Dios dice: «Haré próspero tu camino». Su camino es un viaje, el proceso de llegar a su destino, de moverse de un lugar a otro. Dios dice que lo hará prosperar a lo largo del camino de su viaje. Por eso usted puede tener la mentalidad de prosperidad aun antes de que su única mina se convierta en diez.

Dios ha dado a todos los cristianos algo en su interior que los mantendrá firmes cuando las tormentas de la vida arrecien. Él ha puesto algo dentro suyo que lo hará gritar de alegría porque él sabe los planes que tiene para usted, planes para prosperarlo (véase Jeremías 29:11).

La prosperidad es el favor de Dios en su vida. Viene de aprender a caminar por fe y no por vista. Viene de aprender a llamar las cosas que no son como si fueran. Es correcto caminar como si tuviera un millón de dólares, aun antes de que tenga ese dinero en su bolsillo, porque tiene ya la prosperidad dentro suyo: ¡el Espíritu Santo! Hay algo dentro suyo que es más grande que cualquier otra cosa fuera de usted.

Dios desea que usted prospere en todo, lo cuál incluye sus finanzas. No permita que el enemigo lo detenga. No permita que la gente lo detenga. No permita que los que siempre dicen no, lo detengan. No permita que los mentirosos lo detengan. Esas personas no son su recurso; Dios es su recurso. Y es mucho más poderoso que todas las voces del mundo combinadas. «Él que está en ustedes es más poderoso que el que está en el mundo» (1 Juan 4:4).

¡Dios no llama a sus hijos a la mediocridad! Él nos llama a la excelencia. ¡Dios no llama a sus hijos a fracasar! Él nos llama a tener éxito. ¡Nos llama a pararnos en la cima de la montaña y declarar que llegamos allí solo por su gracia! Y ya que Dios desea que prosperemos, conformarnos con algo menos lo deshonraría.

El pacto no es solo para que seamos bendecidos; es para que usemos las bendiciones de Dios para bendecir a los que están en necesidad. En su libro *Prosperity with purpose* [Prosperidad con propósito], mi amigo Wendell Smith escribe:

> La verdadera prosperidad bíblica tiene dos propósitos. Primero, Dios desea bendecir a sus hijos y satisfacer sus necesidades... ayudándonos a conseguir el trabajo, pagar nuestras cuentas, invertir nuestro dinero sabiamente y ahorrar para el futuro. En segundo lugar, el Señor desea darnos en abundancia para que podamos compartir con otros y ayudar a satisfacer las necesidades de los que nos rodean.[1]

Se trata de los recursos que creamos, beneficiando a otros. Por ejemplo, en la medida en que nuestra iglesia es fiel en seguir el proceso de Dios en lo concerniente a nuestras finanzas, nuestro edificio, el Gran Foro Oeste, crea un testimonio viviente a la palabra de Dios y sus promesas porque genera ingresos y rentas que bendicen a otros. Cuando artistas como Madonna, los Rolling Stones y Neil Diamond actúan ahí, más de 500 personas están trabajando en nuestro edificio. Estamos proveyendo trabajos. Nuestro edificio crea ingresos para quienes trabajan allí. En resumen, nuestro edificio convierte una ganancia en beneficio para otros.

El propósito de la ganancia es penetrar las vidas de la gente de nuestra comunidad. Canalizamos la obtención de poder económico a la gente que trabaja ahí, y ellos se convierten en un canal para reciclar su prosperidad financiera en la comunidad en que viven. Es más que un simple edificio de iglesia donde la gente se reúne, ora, canta y celebra. Es un edificio que fomenta la vida, que promueve el crecimiento, que se erige como un legado a futuras generaciones de cristianos, y se levanta como un testimonio al proceso de Dios para cuidar el negocio y hacer que el dinero cuente para algo.

¿Cuál es su testimonio? ¿Está usted dejando un legado para otros? ¿Está usando el dinero que Dios le ha dado como una herramienta para bendecir a otros y para expandir su reino? ¿Se está rindiendo bien en la prueba de Dios? ¿Ha dejado de vivir al borde de la deuda, y de sueldo a sueldo?

Dios nos ha llamado a ser un testimonio viviente en la manera que manejamos el dinero que nos confía. Si usted no está pasando su prueba, si no está usando su dinero para bendecir a otros, entonces es tiempo de cambiar. Si está en aprietos financieros, si se ha encerrado en un pozo, póngase en marcha con la regla número uno: ¡comience a desenterrarse!

Robert Morris escribe en *The Blessed Life* [La vida bendecida]: «Dios desea poner grandes recursos en nuestras manos de manera que podamos ser canales de su bendición».[2] Esos recursos pueden ser monetarios y materiales como el joven rico que encontró a Jesús, o pueden ser recursos de misericordia y compasión como la Madre Teresa. De cualquier manera, la esclavitud económica dificultará el plan de Dios para su vida. La esclavitud financiera será el eslabón débil en la cadena de bendición de Dios que fluye de su vida al mundo. Haga un compromiso con Dios hoy para salir de la deuda de manera que pueda comenzar a contribuir al reino de Dios y se convierta en una bendición para otros.

> *"¡Hiciste bien, siervo bueno! —le respondió el rey.—*
> *Puesto que has sido fiel en tan poca cosa,*
> *te doy el gobierno de diez ciudades."*
>
> LUCAS 19:17

**Notas**

1. Wendell Smith, *Property with purpose* (San Francisco: The City Church, 2005), p.51
2. Robert Morris, *The Blessed Life* (Ventura, CA: Regal Books, 2004), p.145

CAPÍTULO 11

# Principios básicos del sistema monetario

*Otros se quejaban: «Por conseguir trigo para no morirnos de hambre, hemos hipotecado nuestros campos, viñedos y casas».*

NEHEMÍAS 5:3

Para entender lo básico de construir riqueza, tenemos que entender unos pocos conceptos clave. No son difíciles de captar, y son muy importantes para aprender. Primero veamos alguna terminología básica...

## Activo o Pasivo

Una definición de «activo» es «suficiente solvencia para pagar deudas». Los activos pagan deudas, liberando así el dinero para hacer más dinero. Los activos llevan un valor monetario intrínseco. Los activos generalmente no se deprecian en su valor; crean valor. *Son* valor.

Por otra parte, un *pasivo*, de acuerdo al diccionario Webster, es «algo por lo cuál uno es responsable; especialmente obligación pecuniaria, DEUDA, una desventaja»[1] Los pasivos *se llevan* dinero o valor. Son un gasto, un costo. Representan una disminución de activos.

Benjamín Franklin una vez dijo: «En este mundo, no puede decirse que nada sea cierto, excepto la muerte y los impuestos».[2] Como este refrán popular nos recuerda, siempre podemos contar con ciertos pasivos en la vida, y uno de los mayores son los impuestos. La tasa de impuestos es tal en la actualidad que trabajamos desde enero hasta aproximadamente mediados de mayo antes de comenzar a ganar algún dinero para nosotros mismos. El gobierno obtiene su porción de nuestros ingresos antes que la mayoría de las personas puedan siquiera verla. Los impuestos son nuestro primer gasto; nos afectan aun antes que nuestro empleador nos entregue el sueldo.

Otro pasivo para el cuál trabajamos es el banco. La gran mayoría de las personas que supuestamente «es dueña» de su casa, no lo es en forma libre y clara. Trabajan, en efecto, para el banco, porque deben dinero a esa institución financiera por su préstamo para la compra. Trabajan en XYZ Corp. de nueve a cinco, pero en verdad trabajan para el prestamista hipotecario.

Nehemías 5:3 detalla una situación que había oprimido a la gente de Israel. ¡Ellos habían hipotecado sus casas y pedido dinero prestado para pagar sus impuestos! Quizá usted conoce a alguien en situación similar. Ese no es el plan de Dios. Él nos ha llamado a algo mucho mejor.

## Creación de activo

Dios desea que nosotros construyamos nuestros activos, no nuestros pasivos. Para su perjuicio, mucha gente hace justamente lo contrario. Aumentan continuamente sus pasivos sin siquiera pensar cómo hacer crecer sus activos. Si deseamos aumentar nuestra riqueza, debemos gastar nuestro dinero en cosas que crearán y construirán activos.

No se enfoque tanto en el dinero en si. Piense en cambio en lo que usted hace con el dinero. ¿Cómo sabe si algo es un activo o un pasivo? Si eso finalmente generará dinero o aumentará su valor monetario, es un activo. Si no, es un pasivo. Los activos hacen dinero. Los pasivos toman dinero.

Tome la decisión de gastar más en activos y menos en pasivos. Trate de asumir tan pocos pasivos como sea posible, mientras busca siempre formas de aumentar sus activos.

## El aumento de los activos por medio de inversiones

*Invertir* significa: «comprometer dinero o capital para ganar un rédito financiero».[3] Cuando usted invierte, espera una ganancia de su inversión. Aumentar los activos de uno requiere que una persona «haga negocio» (o invierta) con el propósito de lograr un beneficio. Invertir, por definición, implica multiplicación. Vamos a *multiplicar* el dinero que se nos ha dado por medio de la inversión. Vamos a *generar utilidades*.

Los activos no siempre aparecen en forma de efectivo. Un activo puede ser un objeto de valor significativo. Cuando usted se hace propietario de una casa, por ejemplo, usted tiene un valor en esa casa, dinero que puede redimir en efectivo cuando la venda. Su propiedad, por lo tanto, es un activo una vez que su valor excede lo que usted le debe al banco.

Hay cosas que pueden ser un activo para otro, pero un pasivo para usted. Por ejemplo, si no puede afrontar una casa de $300.000, o si no puede pagarla en un plazo razonable de tiempo, conseguir una hipoteca sobre esa casa podría ser un pasivo, porque usted deberá dinero al banco por décadas. Esto no quiere decir que no debería comprar una casa. Si está en condiciones de pagar un préstamo de $200.000 en un plazo razonable de tiempo y está en una ubicación que tiene potencial para incrementar su valor, entonces obtener esa hipoteca sería sabio.

Si desea ser atento para construir sus pasivos, necesita mantenerse actualizado con las tendencias y los valores del mercado. Haga su tarea personal. Es esencial investigar y actualizar la información. Mantenerse al tanto de las fluctuaciones del mercado. Si está considerando la inversión en bienes raíces, compre una propiedad en un vecindario que su investigación indica que está experimentando una suba de valor cada año, no una declinación. Para el tiempo que haya pagado su hipoteca, estará en condiciones de venderla por un valor significativamente mayor que el que pagó.

Hacer decisiones de negocio inteligentes y bien informadas que rindan ganancias y no produzcan pasivos es lo que significa crear y aumentar los activos.

## Productor o consumidor

Además, debemos aprender la diferencia entre ser un consumidor y ser un productor. Un *productor* es alguien que forma y configura algo. Crea, desarrolla, construye, hace. Un *consumidor*, de acuerdo con el diccionario *Webster*, es «uno que consume… uno que utiliza mercancías económicas». Las personas, en su mayoría, son consumidores. Compramos cosas. Compramos un montón de cosas. Pero pocos de nosotros realmente *producimos* lo que está siendo comprado. Para ser económicamente exitoso, usted debe hacer una clara distinción entre los dos, ¡y aprender a producir más de lo que consume!

## Administración, mayordomía

El dinero cuenta cuando aprendemos a supervisarlo como una mayordomía o administración que Dios nos otorga, y respondemos a esa mayordomía convirtiéndonos en canales y conductos a través de los cuales otros son bendecidos.

La administración o mayordomía es uno de los más importantes conceptos que debemos entender y llegar a dominar si esperamos lograr algo para el reino de Dios. Mayordomía, según el diccionario Webster, es «conducir, supervisar o manejar algo; especialmente: el manejo cuidadoso y responsable de algo confiado al cuidado de uno». La mayordomía cristiana avanza un paso más en la definición: mayordomía es la forma en que usted se encarga de lo que Dios pone bajo su control o posesión.

En la parábola de las minas de Lucas 19, cada siervo, cada administrador, comenzó con el mismo monto, pero los resultados fueron totalmente diferentes. En el centro de los diferentes resultados estaba la forma en que cada siervo entendió y puso en práctica el principio de la mayordomía. Un siervo convirtió una mina en diez. Otro convirtió la suya en cinco. Y uno no hizo nada con su mina excepto enterrarla en el suelo, representando la peor administración posible del dinero del señor si excluimos el simple robo.

Integrado en el principio de la mayordomía está el concepto de justa recompensa. Cada siervo fue recompensado de acuerdo con su manejo del dinero de su señor. El siervo que ganó diez minas recibió autoridad sobre diez ciudades. El siervo que ganó cinco minas recibió autoridad sobre cinco ciudades. Pero el hombre que no hizo nada en absoluto con su mina no recibió nada en absoluto.

La parábola sugiere que todos nosotros somos administradores de lo que el rey, Dios, posee. Si esperamos recibir una buena recompensa, necesitamos ejercer buena administración e invertir sabiamente lo que el rey nos ha dado, no enterrarlo como hizo el tercer siervo. Muchos cristianos se meten en problemas porque olvidan este punto importante. Cometen el error de pensar que el dinero que Dios confía a su cuidado es su propiedad personal para hacer lo que les plazca. Pero como la Biblia hace muy claro en la parábola de las minas, el dinero pertenecía al noble y a los siervos se les dio el control de él solo por un corto tiempo. En primer lugar todo pertenecía al señor de la parábola.

Para ser buenos mayordomos, debemos transferir la propiedad de todo lo que poseemos, o mejor dicho, de todo lo que *suponemos* que poseemos, de nuevo a Dios. Rinda todos los derechos de propiedad a él. Esto significa no solamente lo que posee, sino también lo que debe. Rinda también a él sus cuentas y sus deudas. Alguno puede pensar: «Usted sabe, estoy en un lío. Estaría avergonzado de entregar este caos a Dios». Pero usted no tiene alternativa. Cuando las cosas han ido tan mal, ¿a quién más puede entregarlas para que las arregle?

Le garantizo que una vez que usted lo ha entregado a Dios, ya no es más su problema. Escúchelo mientras él le dice cómo hacerse cargo de esas cuentas, porque ahora es su problema. Él le dirá cómo arreglar esa deuda. Le dará la provisión para pagar todo y le dirá cuándo hacerlo. Sintonice con él y le guiará en la medida que se someta a él como un mayordomo.

Ser un mayordomo no significa ser un esclavo mendigo. José era un mayordomo, y fue elevado a la posición de administrar toda la casa de Potifar, el capitán de la guardia de elite del palacio de Faraón. Luego llegó a convertirse en el segundo en autoridad, después del mismo faraón. ¡Aún se le tuvo suficiente confianza para supervisar el funcionamiento de la cárcel cuando estuvo prisionero ahí! ¡Ese es el corazón de un mayordomo! José prosperó con toda la bendición que proviene de ser un buen administrador.

Así como hay recompensa para un buen mayordomo, hay también castigo para un mayordomo incompetente: se le quita la administración. En la parábola de las minas, el tercer hombre no solo perdió una recompensa como los otros siervos; perdió el dinero que le había sido confiado originalmente. Ya que él probó que no sabía manejar el dinero, el señor anunció que lo poco que tenía le iba a ser quitado. Y el señor no se lo quitó para dárselo a alguien que no tenía nada. No lo tomó del tercer hombre para darlo a los pobres o necesitados. La Biblia dice que el señor lo tomó del tercer siervo y se lo dio al hombre que tenía más (véase Lucas 19:24) ¿Por qué? Porque ese hombre había mostrado ser el más astuto en el manejo de los activos del señor. Se evidenció como el de mayor confianza y de más eficiente administración de todos en asuntos monetarios.

Somos todos responsables de lo que se nos ha confiado, para administrarlo de una manera que honre y represente al rey. Urge que los cristianos aprendamos este principio bíblico. Dios nos está llamando a un tiempo de revelación y entendimiento de un principio bíblico fundamental que pocos han entendido o aprendido hasta aquí. Es un principio espiritual que funciona aun en la mentalidad pragmática del mundo, ¡pero no hay razón por la que el mundo lo debería entender y ejercitar en muchos casos mejor que lo que los cristianos lo hacen!

**Notas**
1. *Merriam-Webster's Online Dictionary,* «liability». http://www.m-w.com/dictionary/liability (acceso marzo 2007)
2. Benjamín Franklin (1706-1790), carta a Jean-Baptiste Leroy, 13 de noviembre, 1789.
3. *The American Heritage® Dictionary of the English Language,* cuarta edición, s.v. «invest», Dictionary.com. http://dictionary.reference.com/browse/invest (acceso Marzo 2007)
4. *Merriam-Webster's Online Dictionary,* s.v. «consumer».
5. *Ibid,* s.v. «stewardship»

## Capítulo 12

# Pago anticipado a plazos en el reino

*Las riquezas del pecador se quedan para los justos.*
Proverbios 13:22

¿Ha utilizado alguna vez un plan de pago anticipado a plazos de una tienda, para la compra de un sofá, un mueble del salón comedor, un refrigerador o ropa? Ya no hay muchas tiendas que ofrezcan este tipo de planes. Donde yo crecí en St. Louis del Este, casi todas las tiendas en la arteria principal, la Avenida Collinsville, los tenían. El pago anticipado a plazos con entrega al terminar el plan era un tipo común de acuerdo de compra en esos días. La forma en que funciona es que usted paga un pequeño anticipo sobre la mercadería y solicita que la tienda se lo guarde en depósito para usted; lo mantienen mientras hace los pagos del saldo adeudado. Una vez que completa los pagos, le entregan la mercadería. Dios también tiene un plan de entrega una vez que se han completado los pagos, uno que nos beneficia a nosotros sus hijos.

### Redimiendo el plan

En mi juventud, solíamos comprar cantidad de cosas por este sistema. Solo unos pocos dólares al principio y luego otros pocos dólares cada semana. Elegíamos algo de los estantes, y como decíamos que lo íbamos a comprar, lo sacaban del mostrador y lo dejaban en reserva mientras hacíamos los pagos. Eran mantenidos en el depósito hasta que llegábamos a completarlos, y lo llevábamos, totalmente pago. (¡Un par de veces dejamos algo depositado por tanto tiempo que nos olvidamos que estaba ahí!)

De igual manera, Dios dice que la riqueza que actualmente es mantenida en reserva en el depósito bajo el control del impío está en realidad disponible para el recto y el justo. Esto es lo que Proverbios 13:22 significa cuando dice: «Las riquezas del pecador se quedan para los justos». El término «se quedan» significa «estar cubierto para protejerlo». La raíz de la palabra hebrea para este término es *tsaphan*, que significa «esconder, atesorar, acumular». En otras palabras, la riqueza que está bajo el control del pecador, el sistema del mundo, está cubierta, protegida y mantenida en reserva para el recto hasta que sea el tiempo para nosotros de redimirla. El mundo no se da cuenta, pero su riqueza está en depósito para los hijos de Dios.

La pregunta es: ¿Cómo obtenemos la riqueza del pecador? ¿Cómo la redimimos y transferimos al reino de Dios? Primero, tenemos que entender que el sistema del mundo trabaja bajo un principio diferente que el reino de Dios. El sistema de mundo trabaja bajo el principio de comprar y vender, mientras que el sistema de Dios trabaja con el principio de dar y recibir. Tenemos que operar dentro de las reglas del mundo si deseamos transferir su riqueza al reino de Dios. ¡Nadie nos va a entregar la riqueza del mundo! No podemos salir, nombrarla, reclamarla, formularla en el nombre de Jesús y llevarla a casa. Eso es un buen grito, pero no le dará su bendición. Para que la riqueza nos sea transferida, tenemos que operar dentro del sistema del mundo de comprar y vender con dinero. Una vez que recibimos la riqueza del pecador, la podemos aplicar al sistema de Dios de dar y recibir.

Al afirmar Deuteronomio 8:18 que Dios nos da el «poder» para ganar riquezas, quiere decir que nos da la aptitud y los recursos (dinero o los medios para obtener dinero) que nos capacita para prevalecer en un sistema controlado por el mundo. Cuando tomamos control de cualquier porción de la riqueza del mundo («la riqueza del pecador», como refiere Proverbios 13:22), estamos tomando control de tierra, casas, elementos tangibles, negocios, recursos, etc. que no creamos, pero que estaban «reservados» para nosotros hasta que los recibamos.

Por ejemplo, cuando usted como creyente compra una casa o la parte de una propiedad que existía antes de que la comprara, Dios le dio el poder, los recursos, el talento, para hacer la transacción dentro del sistema del mundo de comprar y vender. Cada vez que acumula tales recursos, los está transfiriendo del reino de la oscuridad y trayéndolos al reino de Dios. En este punto, Dios comienza a observarlo de cerca, para ver lo que hace con esa riqueza del mundo de la que se ha apropiado.

Él nos observa atentamente en este punto porque cuando los creyentes aplican los principios y procesos de Dios al sistema del mundo, la «riqueza» que ganamos es puesta bajo nuestro control con la condición que una vez que retiramos tal riqueza del mundo, la transfiramos para el beneficio del reino de luz y la gloria de Dios. No la vamos a acaparar para nosotros mismos, a depositarla en espera en el cuarto de atrás para nunca ser redimida. No la vamos a dejar para juntar polillas, polvo y herrumbre. Nos es dada para el beneficio del reino de Dios y de otros. Somos bendecidos para bendecir a otros.

Véalo de esta manera: Si usted, como esposo y padre que trae a su hogar un ingreso, no usa su ingreso para el beneficio de su familia y en cambio lo usa para sus propios deseos egoístas, ¿de qué beneficio es ese ingreso para su familia? ¡Ninguno! Su familia sufre. No puedo decirle cuántas familias conozco que han sufrido porque el dinero dado por Dios es usado para el abuso de alcohol, drogas o pornografía. ¡Ese dinero no es suyo para hacer lo que le plazca! El ingreso con que usted ha sido bendecido está destinado a bendecir a su familia y a la familia de Dios.

## Redención del plan de pagos anticipados del reino

La iglesia que pastoreo está en un edificio que no construimos, pero Dios decretó que el edificio que había estado en santa espera para sus hijos, fuera liberado al reino de Dios a su tiempo señalado. Cuando compramos el edificio, no compramos simplemente un gran estadio; transferimos al sistema del reino de Dios algo que fue construido por el sistema del mundo. Tomamos posesión de algo que fue en realidad construido para que *nosotros* lo ocupáramos en el tiempo predeterminado por Dios. Y ahora está santificado, apartado, consagrado por la presencia del Dios vivo a quien pertenece. La riqueza que estaba en las manos de los pecadores estaba en reserva para los justos que ahora poseen y operan el edificio.

Durante el tiempo que la Iglesia Bíblica Central Fiel no está realizando sus servicios, el edificio es usado para conciertos, eventos deportivos tales como partidos de basquetbol, espectáculos de lucha y sobre hielo, y para otros actos públicos. El mundo aún viene y usa nuestro edificio, pero ahora pagan a la iglesia por alquilarlo. ¡Y nos pagan bien! Cada vez que nos pagan, más riqueza que habría sido reciclada a través del sistema del mundo es transferida al reino de Dios. ¡Esto, mi amigo, es el verdadero asunto sobre «la transferencia de riqueza del tiempo final» del cuál oímos hablar tan a menudo!

¿Qué implica esto para usted? ¿Está redimiendo aquellas cosas que Dios tiene en reserva para usted? Hay tesoros actualmente guardados para usted, tesoros que están en manos de los pecadores que le pertenecen como hijo justo de Dios. ¿Está usted en el proceso de redimir esos tesoros? Si no, ¿qué lo detiene?

Efesios 1:3 reza: «Alabado sea Dios, Padre de nuestro Señor Jesucristo, que nos ha bendecido en las regiones celestiales con toda bendición espiritual en Cristo». El tiempo pasado del verbo «bendecido» indica que Dios ya nos ha bendecido con bendiciones espirituales en los lugares celestiales; es decir, que están en celestial reserva para nosotros. Así, tenemos la capacidad terrenal, la bendición espiritual y la guía de Dios. ¿Qué más necesitamos?

En cuanto a mi persona, no deseo llegar al cielo y encontrarme con un libro que tiene la lista de todas las cosas que Dios tenía en reserva para mí, de las que no tomé en posesión por estar desatento, incompetente, o peor aun, ¡desobediente! Recuerde, son los justos, los obedientes, los que siguen los caminos de Dios, quienes son recompensados con prosperidad: «Al pecador lo persigue el mal, y al justo lo recompensa el bien» (Proverbios 13:21).

CAPÍTULO 13

# Siete claves para hacer que tu dinero cuente

*Pon atención a mi sabiduría y presta oído a mi buen juicio.*
PROVERBIOS 5:1

Para tener éxito en algo tan pragmático como las finanzas, ayuda seguir pautas prácticas y atender a la sabiduría financiera y el entendimiento de otros. Si usted está endeudado y buscando formas de salir adelante, o está buscando simplemente maneras de aumentar su sustento, aquí hay siete recursos que pueden lograr lo máximo de sus finanzas.

## Clave 1
## Gaste menos de lo que produce

En un grado u otro, todos tenemos un entendimiento de nuestros gastos mensuales básicos, aunque muchos se sorprenden de cuán poco les queda a fin de mes. Si usted está constantemente luchando porque tiene menos de lo que pensaba, la solución es simple: ¡Aprenda a gastar menos de lo que produce!

Una vez que ha pagado sus gastos básicos, ¿cuánto dinero le queda? Recuerde, los recursos financieros que recibe son para ser utilizados como una herramienta. Le son dados como una herramienta por Dios para hacer negocio. Pero si usted está consumiendo la herramienta cada mes, ¿cómo va a construir alguna riqueza?

La iglesia está cometiendo un gran perjuicio en esta área. Los líderes de la iglesia van a las conferencias y gritan: «¡Todos sean prósperos!», pero no enseñan a la gente que el fundamento de economía básica tiene que ser puesto primero. Ese fundamento es este: Los 2 que usted ganó, agregados a los 2 en su cuenta de banco, suman 4, y si usted está gastando 5, ¡ha perdido todo y está endeudado! Si continúa trayendo 4 y gastando 5, le aseguro que Dios no le permitirá tener 8, 16 o 32, hasta que aprenda a manejar correctamente los 4, a su manera.

## Clave 2
## ¡Corte esas tarjetas!

Proverbios 22:7 establece: «Los ricos son los amos de los pobres; los deudores son esclavos de sus acreedores». La declaración «los deudores son esclavos de sus acreedores» es una que nuestra cultura rechaza de plano, pero es completamente cierta: si vamos pidiendo dinero prestado por aquí y por allí, por todas partes, reemplazamos a Dios como el que provee todas nuestras necesidades y servimos a nuestros prestamistas en lugar de servirlo a él. Lo reemplazamos con créditos, préstamos y tarjetas de crédito. Tristemente, esto es lo que está ocurriendo con mucha gente hoy; el crédito se ha convertido en su dios.

¿Desea elevar una ofrenda al Señor? ¡Haga una ofrenda de esas tarjetas de crédito! ¡Póngalas sobre el altar y acérqueles un fósforo! ¡Quémelas! Hay un tiempo y un lugar para las tarjetas de crédito, pero muchas personas no son suficientemente disciplinadas para usarlas como deberían ser usadas. ¡Reúnase con algunos amigos que están también en esclavitud con las tarjetas de crédito y tenga una fiesta de ofrenda quemada! Véalas arder y dance alrededor de las llamas mientras el humo se levanta al Señor como un sacrificio de egoísmo, codicia y materialismo.

Hasta que usted gane el auto control de gastar menos de lo que produce, libérese de las tarjetas. Esas cosas lo están enviando al infierno de las tarjetas de crédito. Erradicarlas eliminará la tentación de comprar baratijas sin las cuales puede vivir y le ayudará a ponerse en el camino de que su dinero trabaje para usted. Si no las puede pagar todos los meses (que es en realidad usarlas como efectivo), ¡lo derribarán, mi amigo! Se lo puedo asegurar. Y tratar de mantener la situación haciendo el pago mensual mínimo es casi una imposibilidad matemática. ¡He estado ahí! ¡He hecho eso! (¡Al menos traté!) Créame, lo matará financieramente. Es un sumidero del que no puede salir sin la ayuda de Dios.

## Clave 3
## Hable con sus acreedores

No es el deseo de Dios que esté endeudado y esclavizado a los acreedores. Vivimos en una cultura que le dice a la gente que «somos lo que tenemos», así que es fácil caer presa de la mentalidad que debemos gastar, gastar, gastar y comprar a crédito para vivir tan bien como la sociedad nos dice que deberíamos hacerlo. El resultado es un alarmante número de personas que se meten en deudas hasta los ojos por posesiones materiales; casa, auto, yate, mercaderías, juguetes, vehículos todo terreno, esquís, una segunda casa, un lugar de vacaciones, ropa en los placares con la etiqueta de precio aún colgada en ella; todo para ser como los demás.

Si está endeudado y luchando para mantenerse al día con sus pagos, una de las primeras cosas que necesita hacer es ponerse en contacto con la persona u organización a la que debe dinero, sea el banco, la compañía de la tarjeta de crédito o la tienda. Lo mejor es hacerlo personalmente. Si el acreedor está cerca, vaya a su oficina. Si esto no es posible porque están demasiado lejos, escríbales una carta.

Sea por carta o personalmente, siempre sea cortés y profesional. Si los encuentra personalmente, no aparezca saboreando un cucurucho de crema helada, usando zapatos que parpadean en la oscuridad, una corbata fluorescente y una campera grasienta con una motocicleta bordada en la espalda. Vista conservadoramente. Recuerde, usted está en su terreno y les debe plata. Ellos necesitan asegurarse de que usted es una persona seria en quien pueden confiar.

Si no puede presentarse en forma personal, lo mejor es una carta bien escrita (no un correo electrónico, una carta de verdad). La carta debe estar mecanografiada prolijamente y ser fácil de leer. No garabatee en una bolsa de papel. No escriba con lápiz. No use los crayones de su hija. Definitivamente, no escriba en forma manuscrita, difícil de entender. Debe ser tipiada e impresa.

Sea que se encuentre personalmente o escriba una carta, el mensaje debe ser el mismo. Preséntese y explique por qué no ha estado haciendo sus pagos. Discúlpese y explique que no ha estado en condiciones de mantenerse al día con sus pagos a causa de circunstancias abrumadoras. Muestre que está preocupado por esto y que desea ponerse en orden. Siempre diga la verdad. Sea honesto con ellos acerca de por qué no ha estado pagando. No mienta. No dé una versión inexacta. No vaya con alguna excusa poco convincente para tratar de justificar su irresponsabilidad. Usted se metió en esto, lo lamenta, usted lo resolverá. Explique que espera que sus circunstancias mejoren, sea por un nuevo trabajo, la vuelta a la escuela, un nuevo sistema de presupuesto, lo que sea. Luego déles un plazo para cuando usted espera estar en condiciones de pagar su deuda. ¡Sea humilde! ¡Haga un trato!

Una palabra de advertencia: no haga promesas que no pueda cumplir. Plantee un plan que puede en verdad llevar adelante. No prometa pagarles el mes siguiente solo para satisfacerles, cuando usted sabe perfectamente que lo más rápido que puede pagarles es el próximo año. Eclesiastés enseña que: «Vale más no hacer votos que hacerlos y no cumplirlos» (Eclesiastés 5:5). Si se compromete a hacer algo, hágalo. Si le dice a alguien que va a hacer los pagos, hágalos. La mayoría de los acreedores estarán muy dispuestos a acordar alguna clase de plazos o planes de pago una vez que se dan cuenta que usted está en serio con respecto a la devolución.

En algunas ocasiones, la deuda puede ser demasiado grande, demasiado pesada, demasiado aplastante, y sus acreedores no desean conversar con usted. En esos casos extremos, puede necesitar asistencia externa. Si es así, vaya a un amigo cristiano que sea un profesional en estos temas. La Biblia dice: «Dichoso el hombre que no sigue el consejo de los malvados» (Salmo 1:1). ¡Usted no debería esperar agua de una roca ni buscar un consejo divino de alguien que no es cristiano!

Si se encuentra en necesidad de ayuda profesional, busque una agencia de aconsejamiento cristiana de buena reputación que le dé sano consejo que esté de acuerdo con la palabra de Dios. Ellos estarán en condiciones de evaluar su situación y diseñar un plan que se adapte a sus necesidades y lo saque de la deuda. Contacte a su *Better Business Bureau* local y pida información sobre la compañía para asegurarse que es una firma legítima con una buena reputación y una sólida trayectoria. Si ellos no pueden manejar su propio negocio, no puede esperar que le ayuden a manejar el suyo.

## Clave 4
## Detalle sus gastos

Durante un mes, haga un seguimiento de todas las cosas que usted y su familia pagan, tanto mercaderías como servicios. Incluyan aún los gastos menores, tales como peajes, cafés, chicles, estacionamiento, *todo*. ¡A fin de mes, usted puede quedar sorprendido de lo que está gastando!

Revise la lista e identifique los elementos donde puede eliminar gastos u optar por alternativas menos costosas, tales como comprar marcas genéricas, ir de compras a tiendas de 99 centavos y tiendas con descuentos, o alquilar un DVD para una noche de familia en casa en lugar de llevar a todos al cine.

Algunas veces hacer simples cambios en su programa puede ahorrarle una cantidad de dinero. Por ejemplo, si usted compra su almuerzo todos los días, trate de levantarse unos pocos minutos antes para prepararse una vianda. Esto podría ahorrarle veinte dólares a la semana o más, que podría llegar a sumar mil dólares por año en ahorros. ¡Sea creativo! Haga que toda la familia se involucre. ¡Diviértanse con esto!

## Clave 5
## Reduzca su deuda

En Mateo 5:14-16, Jesús afirma: «Ustedes son la luz del mundo... Hagan brillar su luz delante de todos, para que ellos puedan ver las buenas obras de ustedes y alaben al Padre que está en el cielo». Los cristianos están para ser un ejemplo y una luz en todo lo que hacen, y esto se aplica al manejo de nuestras deudas y cuentas. ¿Cómo lo hacemos?

Primero, siéntese y detalle toda su deuda. Esto incluye deuda de tarjetas de crédito, hipoteca, pago del auto, préstamos escolares, cuentas atrasadas, etc. Calcule el monto actualizado exacto para cada uno.

Una vez que tiene una lista de todos sus acreedores, comience pagando a cada uno, de uno a la vez. Si está luchando para pagar sus cuentas mensuales regulares, pague las de menor monto primero. Haga lo mismo con la deuda atrasada. Si tiene una cuenta mensual de 25 dólares de luz y una mensual de teléfono de 110 dólares, pague la de la luz y *luego* la del teléfono. Pague los 500 dólares de la tarjeta de crédito, y *luego* los 1.200 dólares de la cuenta de servicio médico. Hay dos razones para esto:

1. Pagar algo por completo le da un estímulo psicológico al lograr ver una deuda o cuenta eliminada.
2. Algunas veces es demasiado difícil afrontar las grandes primero.

Cuando hay que pagar deudas que tienen cargos de interés (tales como tarjetas de crédito, préstamos para la casa, préstamos escolares, prestamos para automóviles), comience pagando la deuda con la *mayor tasa de interés* y luego vaya bajando a las otras de la lista. En el largo plazo, esto le ahorrará una cantidad de dinero que de otra manera estaría pagando al banco o a la compañía de la tarjeta de crédito en interés. Dependiendo de cuánta deuda tiene, esto puede ahorrarle cientos, aun miles de dólares al año en interés y cargos que usted no tendrá que pagar más.

En la medida que continúa pagando su deuda, es crucial que mantenga su nivel de vida actual; no comience a vivir a lo grande porque pagó el préstamo de su auto y no tiene que seguir enviando 320 dólares a la compañía de crédito. No piense que puede ir y gastar ese dinero en ropa nueva que realmente no necesita o en un segundo televisor de pantalla plana o en su tercer reproductor de DVD. Viva de acuerdo a sus posibilidades y disponga esos 320 dólares para pagar otra deuda. Cuando llega al punto que no tenga más deuda (que ocurrirá *eventualmente*), invierta la mayor parte o todos aquellos pagos que está ahorrando. ¡El objetivo es la libertad financiera!

## Clave 6
## ¡Invierta, invierta, invierta!

Una vez que ha aprendido a manejar su ingreso mensual de forma que está ganando más de lo que está pagando, es tiempo de poner el excedente a trabajar. Como los siervos fieles de Lucas 19: ¡invierta! Haga la investigación necesaria y diseñe una cartera de inversiones que satisfaga sus necesidades y sus capacidades financieras. Recuerde, los mayores beneficios provienen de mayor riesgo, pero las inversiones de alto riesgo pueden no ser lo mejor para usted. La mayoría de las personas opta por una cartera diversificada con ganancias estables, no un riesgo demasiado alto, pero una inversión que pague mayor ganancia que una simple cuenta de ahorros en el banco.

Si usted no se considera capacitado en inversiones, busque una firma de inversiones respetable o un profesional calificado que le pueda dar un consejo sano. Asegúrese de tratar con una persona cristiana en una firma legítima, con una sólida reputación y probados resultados en el pasado. Haga la necesaria investigación. Si no le dan un buen consejo de inversión a sus otros clientes, es probable que tampoco se lo darán a usted. Lo mismo se aplica a las inversiones inmobiliarias. Busque un agente cristiano licenciado, de buena reputación para guiarle y asistirle.

La clave es invertir. Punto. No esconda su dinero en un pañuelo como el tercer siervo. ¡Ponga su dinero a trabajar para Dios, invirtiéndolo!

## Clave 7
## Al menos, ¡ahorre!

¿Cómo maneja usted las bendiciones materiales que Dios le ha dado? Usted no desea escuchar lo que el siervo haragán escuchó de su señor en Lucas 19:23: «¿Por qué no pusiste mi dinero en el banco, para que al regresar pudiera reclamar los intereses?». Simplemente ahorrar su dinero no es tan bueno como invertir, pero si usted no va a hacer algo más, al menos ponga su dinero en una cuenta de ahorro o del mercado de valores y gane un poco de interés.

Averigüe para encontrar la mejor tasa de interés disponible. Se habrá puesto en el camino largo si decide ganar riqueza confiando en las tasas de interés de las cuentas de ahorro de hoy en día para aumentar su dinero, pero es mejor que guardarlo debajo del colchón.

## Siete formas de obtener dinero extra

Cuando se trata de obtener dinero para pagar sus deudas, aquí es donde debe ser creativo. Hay toneladas de maneras de crear dinero para pagar deudas; una sola de ellas será beneficiosa por si misma, pero la suma de todas ellas será increíble. Algunas serán divertidas. Algunas serán duras. Algunas serán dolor de corta duración para ganancia en el largo plazo. Si usted pone la totalidad de las siguientes ideas a trabajar, quedará sorprendido de cuán rápidamente sus deudas se saldan.

La siguiente lista no incluye de ninguna manera todo; sea creativo y elabore otros métodos para ganar y ahorrar dinero que pueda ir hacia el objetivo. Cuánto más haga, más rápido su deuda será eliminada.

### 1. Utilice los regalos inesperados
Cuando reciba dinero inesperado, úselo para pagar deudas. Esto incluye cheques de cumpleaños, dinero de regalos de Navidad o aniversario. ¡Decida anticipadamente que no lo gastará en forma personal! Otra fuente de dinero que puede usar para pagar su deuda es su reembolso de impuestos. Ese es dinero

que aún no tiene, así que no está viviendo de él. Es una ganancia inesperada. Tómelo y aplíquelo para sus deudas.

## 2. Aproveche su cuenta de ahorro

Otra fuente para pagar deudas es el dinero en su cuenta de ahorros. Es mejor para usted estar libre de deudas y tener poco o ningún ahorro que tener pesadas deudas y dinero extra en el banco. (Esto no incluye nuestro fondo de emergencia de tres a seis meses). Sé lo que está pensando: «¿Qué hago si necesito ese dinero?». Usted puede imaginar todas las diferentes situaciones hipotéticas que desee, pero la Biblia siempre establece lo mismo:

> Así que mi Dios les proveerá de *todo* lo que necesiten, conforme a las gloriosas riquezas que tiene en Cristo Jesús (Filipenses 4:19, énfasis agregado).

Una vez que ha pagado sus deudas, comience a poner sus ganancias de vuelta en su cuenta de ahorro. Antes que lo sepa, no tendrá deuda, tendrá una sólida cuenta de ahorros y podrá comenzar a invertir.

## 3. Ahorre dinero extra

Ahorrar dinero tiene que ser un asunto de familia. Haga que toda la familia se involucre. Tenga una reunión de familia donde discutan formas creativas de reducir los gastos. Vaya provisto con todas sus cuentas, y trabajen juntos para entender qué cuentas pueden ser reducidas o eliminadas. Algunas ideas incluyen:

1. *Fijar límites mensuales de teléfono para cada miembro de la familia.* Una vez que llegó a su límite, cuelgue, ¡y listo!

2. *Cancele uno de sus teléfonos.* ¿Realmente necesita más de dos o tres teléfonos celulares? Puede ser que cancele su teléfono fijo y use solo el o los celulares. Determine lo que funciona mejor para usted y su familia, tomando como guía principal el *ahorro de dinero*.

3. *Cancele el cable.* Para algunas personas esto puede ser como dejar de comer, ¡pero no tiene que ser tan doloroso! En lugar de mirar espec-

táculos de TV por cable, vaya a la biblioteca local y pida prestadas películas para ver juntos en casa; ¡son gratuitas! ¡Puede descubrir que también se pasan más tiempo juntos en familia!

4. *Ahorre energía.* Las cuentas de energía pueden ser caras. Si vive en una región fría, aproveche la energía al máximo poniendo plástico sobre sus ventanas en el invierno y usando calefactores portátiles. Si vive en regiones cálidas, ¿necesita realmente tener el aire acondicionado tan frío que tenga que usar un abrigo en la casa? Ajustar el termóstato solo unos pocos grados puede ahorrar cantidad de dinero.

5. *Reduzca los gastos de comestibles.* Comprar productos de segunda marca puede generar ahorros increíbles. Puede quedar sorprendido de cómo las marcas genéricas pueden ser similares a las «verdaderas». Esto es porque muchas grandes compañías de marca venden sus productos a etiquetadores genéricos o cadenas de mercados.

6. *Haga un presupuesto de ropa.* ¿*Realmente* sus hijos necesitan zapatillas de tenis de 125 dólares frecuentemente? Hay otros comercios donde usted puede comprar segundas marcas y ahorrar mucho dinero. Si sus hijos son inflexibles acerca de la marca, hágales saber que necesitarán ganar el dinero extra para pagarse la diferencia. (Pero si son jóvenes y están aun creciendo rápidamente, ¡olvide la marca!)

7. *Venda el segundo automóvil.* ¿Su familia tiene más de un automóvil pero puede realmente arreglarse con uno solo? Venda el auto extra en efectivo y disponga el dinero para pagar sus deudas. Ahorrará en combustible, desgaste, mantenimiento y seguro. Si *realmente* necesita un segundo automóvil, comparta con otros miembros de la familia tanto como sea posible y viajen juntos para ahorrar combustible y desgaste.

Como puede ver, hay *muchas* formas en que su familia puede trabajar de manera mancomunada para reducir gastos y ahorrar dinero, dinero que puede ser aplicado al pago de su deuda. Trabajen juntos para encontrar maneras que funcionen para usted.

## 4. Trabajar más para ganar más

La cuarta manera de obtener dinero adicional para pagar su deuda más rápidamente es ganar más dinero. Si usted tiene un trabajo, trabaje horas extra. Si tiene solamente un trabajo de tiempo parcial, consiga un segundo trabajo. Recuerde, no es un cambio permanente de estilo de vida; es solo hasta que esas deudas sean eliminadas.

Si no puede conseguir un trabajo parcial en alguna parte, sea creativo y ponga a funcionar sus habilidades. Si se da maña con las herramientas, ofrezca reparar cosas para compañeros de trabajo o vecinos. Si es bueno con el arte y la artesanía, vaya a las ferias de fin de semana del rubro y saque ideas de ahí para cosas que pueda ser capaz de hacer y vender.

La única precaución al conseguir un trabajo de tiempo parcial o trabajar horas extras es estar seguro que no privará de tiempo a su familia. Si está casado con o sin hijos, sea cuidadoso de no dejar de ocupar un importante tiempo personal con su familia. ¡No viole un principio bíblico para mantener otro! La familia es más importante que el dinero, así que asegúrese de estar tiempo con ellos, aunque eso no signifique que va a excederse con su familia y tomar tiempo de su horario de trabajo normal para estar con ellos. Todo es cuestión de equilibrio, de ser responsable. No trabaje tanto tiempo extra que su familia sufra, sino tenga en cuenta que es una situación temporaria que tiene que pasar, hasta que su deuda desaparezca.

Otro tema es si su esposa debería o no trabajar (lo cuál mencionamos en el capítulo 9). Una regla sencilla sobre esto son los *hijos*. Si aun hay niños en casa, el modelo de Dios es que la esposa esté en casa con ellos. Si la esposa ya está trabajando, usted necesita determinar cuánto tiempo más ella tiene que trabajar para salir de la deuda. Establezca el plazo y apéguese a él. Tito contiene algo de sabiduría al respecto:

> Aconseja a las jóvenes a amar a sus esposos y a sus hijos, a ser sensatas y puras, cuidadosas del hogar, bondadosas y sumisas a sus esposos, para que no se hable mal de la palabra de Dios (Tito 2:4–5)

## 5. Compre a granel (por mayor)

Comprar segundas marcas no es la única manera de ahorrar dinero en la tienda (supermercado). Además de comprar genéricos, únase con otras dos o tres familias y compren sus alimentos a granel. Reparta el costo y dividan la comida entre ustedes. Las comidas a granel típicamente tienen mejor precio que los productos que se venden en medidas normales, ¡así que compre a granel y vea cómo los ahorros crecen! Hay muchas tiendas de alimentos a granel (tales como Costco y Sam's Club) que ofrecen grandes ahorros.

### 6. Coma en casa

Una de las maneras de ahorrar dinero que más a menudo se pasa por alto es comer en casa. Los restaurantes son muy caros. Esto se aplica a todas sus comidas, incluyendo el almuerzo. Si usted es un hombre de negocios, ¿sabía que puede gastar fácilmente 150 a 200 dólares por semana solo por comer en restaurantes todos los días? Aún cuando su empresa pueda pagar algo de la cuenta, es muy caro. En cambio, ¡tráguese su orgullo, prepare una vianda y coma en su trabajo!

Al tratarse de cenar en casa, diviértanse juntándose con otras familias. Alternen comiendo en la casa de cada una. Puede terminar ahorrando algo de dinero repartiendo el costo. También se genera compañerismo cuando se pasa tiempo juntos en forma regular.

### 7. Haga una feria (venta) en el garaje

Las ferias en el garaje (o en el jardín) son una buena manera de librarse de cosas que han sido acumuladas en su altillo o garaje y convertirlas en efectivo. Use el efectivo para destinarlo a sus cuentas y pagar sus deudas. Haga una lista de todos los artículos que está considerando vender y luego utilice la siguiente guía para saber si debería guardarlo o venderlo:

1. *¿Guardar este artículo aumenta su efectividad para el reino de Dios?* Su propósito final en la vida es servir a Dios y favorecer su reino. ¿Cómo ayuda este elemento a hacerlo? ¿Esto en realidad le estorba? Si esto *aumenta* su efectividad, marque «sí» al lado de este ítem. Si *no,* marque «no».

2. *¿Es este artículo absolutamente esencial?* En otras palabras, ¿es algo que absolutamente necesita, o solo lo desea? Si es genuinamente esencial, marque «sí» al lado del ítem. Si *no* lo es, marque «no».

3. *¿Contribuye este artículo directamente a la unidad y armonía de su familia?* Este es un tema delicado porque pueden ser cosas que van a causar algo de discusión familiar acerca de si deben o no librarse de

ellas. Si *contribuye* a la unidad familiar, marque «sí». Si *no* contribuye a la unidad de la familia o promueve la desunión, marque «no».

4. *¿Es este artículo la opción más económica?* Por ejemplo, si usted tiene dos autos nuevos, ¿puede reducirse a uno vendiendo ambos y comprando un buen coche usado? Lo mismo se aplica a las computadoras: ¿Necesita todo miembro de la familia su propia computadora, o puede arreglarse la familia con una o dos? Si el ítem *es* la opción más asequible, marque «sí». Si *no lo es,* marque «no».

5. *¿Provee este artículo más tiempo para su familia?* Por ejemplo, si usted tiene un gran televisor de pantalla plana, ¿promueve tiempo de familia o aleja al marido de la familia los sábados y domingos cuando se juegan todos los partidos? Si el ítem *promueve* tiempo familiar de calidad, marque «sí». Si *no* promueve tiempo familiar de calidad, marque «no».

6. *¿Está aumentando o bajando el valor del artículo?* Algunas cosas suben de valor con el tiempo, pero la mayoría decrece. Si se *está* incrementando su valor, marque «sí». Para todos los otros, marque «no».

Luego que ha respondido todas estas preguntas para un artículo, sume la cantidad de «sí» y la cantidad de «no» para determinar si debería guardar un artículo o venderlo. Si usted tiene más «sí», guárdelo. Si tiene más «no», véndalo. Haga esto para cada artículo que pueda potencialmente vender en el garaje.

Responda estas preguntas también para los artículos que aun está pagando, sea un televisor, una parrilla, un auto, lo que sea. Si tiene familia, convierta este proceso de tomar decisiones en un proyecto de familia; haga que todos se involucren de manera que todos sientan que están contribuyendo a eliminar la deuda familiar.

Estos sencillos pasos significarán un largo camino a recorrer en sus finanzas, pero son en verdad nada más que la punta del iceberg. Luego que ha llegado a dominar estos pasos, continúe educándose sobre temas financieros y cómo poner su dinero a trabajar para usted, de manera que pueda manejar sabiamente el dinero que Dios le ha dado.

El sistema del mundo está concebido, en el mejor de los casos, para enseñarnos cómo ganar dinero trabajando en una tarea. En el peor de los casos, solo nos enseña cómo gastar, gastar, gastar y cómo desperdiciar el dinero en cosas sin las cuales podemos realmente vivir, cosas que no mejoran nuestra vida. Muchas personas sin visión ni capacitación dejan cosas importantes, durables, para comprar en cambio cosas temporarias, improductivas e innecesarias. Esa no es la manera de Dios. Dios desea que usemos el dinero con discreción y sabiduría para que podamos invertir en la expansión de su reino.

## La sabiduría de Dios con respecto al dinero

No hay esfera que probará mejor su relación con Dios que su relación con el dinero. La forma en que maneja el dinero es un testimonio de cómo se relaciona con Dios. Como hijos de Dios, somos llamados —en realidad *ordenados*— a prestar atención a su sabiduría en relación al dinero.

La sabiduría es tan primordial con Dios que Proverbios enseña que fue la primera cosa que él introdujo antes de emprender la creación del mundo: «El Señor me dio la vida como primicia de sus obras, mucho antes de sus obras de antaño. Fui establecida desde la eternidad, desde antes que existiera el mundo» (Proverbios 8:22–23; en este texto la sabiduría habla en primera persona).

Esto puede sorprender a algunos lectores, ¡pero buscar diligentemente sabiduría en verdad nos trae *dinero, riquezas* y *prosperidad!* Eche una mirada a lo que la Biblia tiene para decir acerca de la relación entre sabiduría y dinero:

- Con la mano derecha [la sabiduría] ofrece larga vida;
  con la izquierda, honor y riquezas (Proverbios 3:16).

- Conmigo [sabiduría] están las riquezas y la honra,
  la prosperidad y los bienes duraderos (Proverbios 8:18).

- [La sabiduría está] enriqueciendo a los que me aman
  y acrecentando sus tesoros (Proverebios 8:21).

¿Está usted listo y deseoso de seguir la sabiduría de Dios en lo monetario? ¿Está preparado para adherir a sus caminos? ¿Para seguir pasos prácticos en su vida que harán crecer sus finanzas? No se estanque en caminos tradicionales.

No se complazca con el status quo. ¡*Crezca*! La sabiduría le diría que si no está ocupado tomando nuevo terreno financiero para el crecimiento del reino de Dios, entonces está perdiendo su propio terreno financiero ante el enemigo.

*¡Qui non proficit, deficit!*
Dicho en latín, que significa, «Quién no avanza, ¡retrocede!»

# Sección IV

# Avancemos

Ahora que hemos examinado los pros y los contras de las finanzas y hemos revisado alguna terminología financiera básica y sugerencias para el éxito, avancemos y examinemos el plan de Dios para el éxito financiero.

Nuestra manera de manejar el dinero es importante, pero hay algo más en las lecciones aquí que nuestra habilidad para manejarlo sabiamente. En la medida en que crecemos en nuestra capacidad financiera, es importante también crecer espiritualmente, para echar raíces más profundas en la verdad de Dios.

Hacer que su dinero cuente para Dios es un proceso donde una vez que usted llega a dominar una esfera, se mueve a la siguiente. Nunca se conforme con lo logrado hasta aquí. La persona que deja de aprender deja de crecer. Si desea ser exitoso, debe continuar para edificar su conocimiento y entendimiento, de manera que Dios pueda bendecirle con mayores riquezas, lo que incluye más que solo riqueza monetaria, como menciona Lucas 16:11:

Por eso, si ustedes no han sido honrados en el uso de las riquezas mundanas, ¿quién les confiará las verdaderas?

Jesús habló estas palabras luego de contar la parábola del mayordomo injusto. En esta parábola, al administrador le están por quitar su mayordomía porque se rumoreaba que él estaba administrando mal el dinero de su señor. Este le dice, «Rinde cuentas de tu administración, porque ya no puedes seguir en tu puesto» (Lucas 16:2). En un desesperado esfuerzo por congraciarse con deudores de su señor, el administrador dispone «arreglar» los libros y reducir los montos que debían a su señor, de manera que cuando perdiera su trabajo ellos le dieran asistencia económica porque se beneficiaron con su arreglo:

«Tengo que asegurarme de que, cuando me echen de la administración, haya gente que me reciba en su casa. ¡Ya sé lo que voy a hacer!». Llamó entonces a cada uno de los que le debían algo a su patrón. Al primero le preguntó: «¿Cuánto le debes a mi patrón?» «Cien barriles de aceite», le contestó él. Él le dijo: «Toma tu factura, siéntate en seguida y escribe cincuenta». (Lucas 16:4–6).

Este administrador injusto instruye a los deudores a escribir un informe que no es verdad, ¡y el señor *lo elogia* por ello! Aunque el administrador había tratado sagazmente con el dinero de su señor manipulando los registros financieros (y hay aun una insinuación que lo que había hecho era fraudulento), el señor piensa claramente que era inteligente y loable.

Pues bien, el patrón elogió al administrador de riquezas mundanas por haber actuado con astucia (Lucas 16:8).

La motivación del administrador era correcta. *Su método era incorrecto.* Hay gente que interpreta esta parábola como significando que el administrador estaba siendo alabado por su engaño. Sin embargo, la alabanza que recibió no tiene nada que ver con ser fraudulento o engañador, sino con ser inteligente y entender cómo el dinero opera en el mundo.

Jesús cerró la parábola con una sombría comparación entre el pueblo de Dios y los no creyentes, acusando a los primeros, *nosotros*, por quedarse cortos en asuntos monetarios:

Es que los de este mundo, en su trato con los que son como ellos, son más astutos que los que han recibido la luz (Lucas 16:8).

Cuando Jesús dijo que los hijos del mundo son más sagaces que los hijos de luz, estaba diciendo que el mundo entiende los principios del dinero, la dinámica de administración de recursos y cómo manejar las bendiciones materiales (dinero, negocios y finanzas) mejor que la iglesia.

Hay principios de manejo de dinero que Dios ha implantado en el «cosmos», por así decirlo, que funcionan para *cualquiera* que los aplique. Este texto implica que el mundo ha aprendido a utilizar estos principios mejor que los cristianos lo hacemos. Si no estamos aprendiendo los principios de Dios para manejar las bendiciones financieras, esa falla es un reflejo de nuestra relación con él. Estamos declarando que nuestro Padre es rico en casas y tierra, pero no podemos pagar nuestros gastos básicos, y generalmente no porque no tenemos el dinero, sino porque hemos sido irresponsables cuando lo tenemos.

Es un comentario vergonzoso sobre el cristianismo que el mundo ha aprendido a manejar los asuntos financieros mejor que lo hace la iglesia, especialmente ya que *todo* pertenece a Dios en primer lugar. Como cristianos, deberíamos reflejar a nuestro Padre en la forma que manejamos nuestros asuntos monetarios. Necesitamos ser no meramente sabios en términos mundanos sino *mejores* que el mundo en ser sabios. Necesitamos ser conocidos como *los expertos* cuando se trata de temas monetarios. Deberíamos ser las personas a quienes el mundo va cuando necesita consejo financiero. Debemos honrar a Dios, a su reputación y al despliegue de su gloria y el evangelio alrededor del mundo, al ser listos, inteligentes y astutos cuando se trata de hacer que el dinero cuente.

En esta sección, miraremos a las siguientes esferas: (1) la importancia de soñar a lo grande; (2) si es o no es correcto esperar un beneficio de nuestras inversiones; (3) lo que nos enseña Lidia; (4) la diferencia entre negocio y profesión; (5) las consecuencias de nuestro mal manejo de dinero en la generación de nuestros hijos; y (6) el papel que Dios juega en todo.

## Capítulo 14

# ¡Sueñe a lo grande!

¡Soñar a lo grande tiene el poder de mover el corazón de Dios! Una gran parte del éxito es tener una visión y un sueño para guiar sus pasos. Nuestro Dios tiene el poder para hacer que sus grandes sueños se cumplan. Soñar a lo grande le da a la gente algo hacia dónde apuntar e inspira a otros también a soñar a lo grande.

La semilla para el sueño y la visión de que nuestra iglesia fuera propietaria de la cuna del equipo de básquetbol de los Lakers de Los Angeles comenzó hace más de 25 años. Yo me sentaba en la tercera fila desde el fondo en la Garden Grove Community Church pastoreada por el Dr. Robert Schuller, la que se convertiría más tarde en Crystal Cathedral. Me sentaba ahí en los primeros días de ese ministerio y miraba a mi alrededor, luchando con una pregunta que volvería a hacerme varias veces en el futuro.

Vi todo lo que Dios estaba haciendo, ¡y me preguntaba si Dios tenía prejuicios! ¡Realmente! Ese pensamiento cruzó por mi mente varias veces. Vi la gran visión que tenía el Dr. Schuller, y él no había aún comenzado a hacer los cimientos de la magnífica Crystal Cathedral. Estaba lleno de emoción cuando toda una pared del edificio se abrió como cortinas y el Dr. Schuller comenzó a predicar, no solo a los que estábamos en el santuario sino a cientos en el exterior, ¡con parlantes portátiles en las ventanas de sus autos como en un auto cine! Yo pensaba, *¡Adelante, hombre!* Dios usó al Dr. Schuller para levantar mi mirada más allá de los lujosos terrenos de la iglesia de Garden Grove.

Volví varias veces y mientras escuchaba, aprendí que la clave de lo que vi era el poder de un gran Dios que inspira grandes sueños. Vi este principio nuevamente en la vida de un gran hombre de fe que más tarde se convirtió en un querido amigo, el Dr. Frederick K.C. Price. ¡Contemplé al Señor usar su fe para construir un domo de 10.000 butacas en el corazón del ghetto de Los Angeles! Como un impresionable ministro joven, dije nuevamente: «¡Adelante, hombre!» Pero cuando comencé a darme cuenta del poder de la fe y el poder del Dios de mi fe que inspira grandes sueños, comencé a decir, «¡Adelante, Dios!»

Estoy aún asustado cuando la gente me dice cuán sorprendida está de lo que Iglesia Bíblica Central Fiel está haciendo. Deduzco que he estado tan compenetrado del viaje que no tomo tiempo para verlo desde la perspectiva de los observadores. ¡Créalo o no, son mis colegas predicadores quienes aportan las mayores críticas, y me interrogan implacablemente sobre el hecho de que Faithful Central ahora posee el hogar original de los Lakers de Los Angeles! Tengo que recordarles constantemente: ¡es Dios quién nos puso en el camino de convertirnos de una congregación de 350 miembros a una de alrededor de 14.000 miembros! Temo que mi respuesta puede parecer piadosa o súper espiritual, pero la verdad es que simplemente estamos siguiendo el proceso de Dios. Y lo estamos haciendo porque él está llamando a nuestra iglesia a realizar cosas poderosas en esta generación.

Si usted tiene un gran Dios, ¡puede confiar en él para hacer grandes obras! ¡Sueñe en grande! Dios puede manejarlo. Soñar en grande hace que una persona esté en permanente búsqueda de negocios viables y oportunidades financieras.

Cuando nos movemos en el mundo de los negocios, necesitamos aprender a hablar el lenguaje del mundo y mantener la cabeza en el cielo. Necesitamos mantener nuestro espíritu fiel a Dios y saber cómo maniobrar, conversar, negociar y discutir inteligentemente en el mundo, porque es el mundo donde debemos vivir y operar. Si no puede hablar de dinero en un nivel alto, asegúrese de rodearse de un equipo que puede hacerlo.

En los primeros años, solía sentarme en reuniones donde la agenda era de millones y millones de dólares, no sabiendo qué decir. Algunas veces ni siquiera entendía las preguntas que me hacían, ¡y menos podía responder! Pero tenía gente capaz y talentosa alrededor mío y si no lo podía hacer, ¡dejaba que la gente inteligente siguiera la conversación! Desarrollé la habilidad de parecer inteligente cuando en realidad no tenía la más remota idea de lo que estaba pasando. Estaba ahí por la gracia de Dios, no estaba ahí sabiendo todas las preguntas ni las respuestas; estaba ahí a veces sin saber por qué o cómo había llegado allí, *¡pero estaba ahí!* Como Mefiboset, tenía una desventaja, pero aún estaba en la mesa (véase 2 Samuel 9:13).

Dios le dará favor con la gente en industrias financieras porque requiere dinero construir el reino de Dios en la Tierra. Él bendecirá aquellas relaciones, tales como las que iniciamos cuando Iglesia Bíblica Central Fiel se dispuso a comprar el Gran Foro Oeste. Inicialmente, algunos de los expertos financieros que buscamos no estaban seguros sobre lo que teníamos en mente. En el comienzo de nuestra búsqueda, no captaban totalmente la índole de nuestro sueño. Pero cuando la captaron, comenzaron a decir: «¡Pastor, vamos a hacer esto!» Algunos de esos asesores profesionales de negocios y finanzas no eran aún cristianos en ese momento, pero como vieron lo que Dios estaba haciendo, ¡algunos de los mismos expertos financieros que nos asesoraron durante el proceso se convirtieron en nuestros compañeros en la fe para la gloria de Dios!

La mayoría de la gente sueña en pequeño. Si aprende cuán grande es nuestro Dios, eso impactará enormemente la medida de sus sueños.

## Entendamos las dimensiones de Dios

El reformador escocés John Knox una vez dijo: «Un hombre con Dios siempre es mayoría»[1] Si podemos comenzar a entender plenamente las dimensiones de nuestro Dios, aumentarán las dimensiones de nuestros sueños. *¡Dios es grande!* Él es capaz de hacer más de lo que podemos imaginar. Si podemos abrazar con nuestra mente lo grande que es, seremos capaces de ver cuánto puede hacer por nosotros.

¡Comience a pensar diferente! Deje de soñar en pequeño. Si otros tratan de desanimarlo, no retroceda, apéguese a su visión y avance. Dios nos está llamando a un nivel completamente nuevo, una dimensión completamente nueva, un escenario completamente nuevo.

Mucha de la crítica que he experimentado con respecto al crecimiento de la Iglesia Bíblica Central Fiel en el pasado cuarto de siglo, ha venido de otras iglesias que no parecen desear soñar suficientemente en grande para salir del bote y confiar que el Señor los mantendrá sin hundirse. Dios nos dijo que viniéramos a él. Cuando él le ordena hacer algo, ¡tenga fe suficiente para hacerlo y ver cómo los milagros comienzan a ocurrir!

«Ven», dijo Jesús. Pedro bajó de la barca y caminó sobre el agua en dirección a Jesús (Mateo 14:29).

¿Puede imaginar si Pedro hubiese permanecido en el bote cuando Jesús dijo «Ven»? Si Pedro hubiese dicho: «No, no, yo no, Señor. No voy a ir allí, con una tormenta, una lluvia, una humedad como ésta, ¡no, Señor! Voy a quedarme aquí cómodo y confortable en el bote, gracias». ¡Él habría perdido la bendición que solo un hombre en la historia humana podía contar a sus nietos! ¡Pedro caminó sobre el agua! ¡En una tormenta! *¡Con Jesús!* ¿Por qué? ¡Porque Jesús dijo: «Ven» y Pedro salió del bote y vino!

No tenga temor de salir del bote. No desista de su sueño solo porque otra gente no ve las cosas como usted las ve. No pierda la visión porque otros compañeros no vean lo que usted ve. Es por eso que Dios le dio la visión a usted. Él deseaba que alguien pudiera ver lo que no se ve, que pudiera tocar lo intangible, que pudiera hacer lo imposible. Si usted está deseando salir del bote y confiar en Dios, ¡puede caminar sobre el agua! (¡Pero primero tiene que salir del bote!)

## Bendiciones de aguas profundas

*Se hicieron a la mar en sus barcos; para comerciar surcaron las muchas aguas. Allí, en las aguas profundas, vieron las obras del Señor y sus maravillas.*

Salmo 107:23-24

Este versículo es una metáfora marítima de la gente que hace negocio como pescadores. La implicancia del texto es que hay gente «santa y audaz» que se lanza a lo profundo para hacer negocio, en contraste con aquellos que se quedan en la seguridad de las aguas poco profundas.

Note que solamente los que «surcaron las muchas aguas... en las aguas profundas, vieron las obras del Señor y sus maravillas». Si usted desea bendiciones de aguas profundas, esté dispuesto a ir a lo profundo. Por supuesto, hay algunos peces en las aguas poco profundas. Tiene allí sus mojarritas, sus anchoítas y pececitos. ¡Pero hay algunos *verdaderos peces* en las aguas profundas! Usted puede hacer algún negocio desde la costa, pero los pocos que tienen suficiente visión, que tienen suficiente previsión, que algunas veces son suficientemente locos para meterse en un barco y aventurarse en aguas profundas y están deseando salir del bote en fe cuando llegan allí; esas son las personas que van a alcanzar grandes cosas que no pueden siquiera haber imaginado allá en las aguas poco profundas.

No espere recibir las bendiciones de aguas profundas mientras viva una vida en el llano. Dios no puede adaptar bendiciones de la dimensión de una ballena en una pequeña pecera. Sé que su pecera es bonita. Usted consiguió tener algunos pequeños y lindos pececillos de color nadando en su pecera, pero no puede adaptar las bendiciones de la medida que Dios provee en esa pecera. He escuchado algo interesante acerca de los pececillos de color: la medida del pez está determinada por la medida de su contenedor. Me dijeron que si pone un pececillo de color en una pequeña pecera, ese pequeño pez crecerá a tres o cinco centímetros de largo. Pero si saca ese mismo pez y lo pone en un gran estanque, ¡no hay manera de saber cuán grande ese pez crecerá ahora que tiene espacio para respirar y puede nadar como nunca antes lo había hecho! Salga de su pequeño bote. Servimos a un Dios que promete que si lo mantenemos en primer lugar en todas las cosas, ¡derramará sobre nosotros bendiciones tan grandes que no tendremos lugar para recibirlas!

Una vez que usted decide que confiará en Dios en aguas profundas, se da cuenta que se ha anotado para nadar en fe profunda. Cuando usted solo rema cerca de la costa y los vientos se levantan y las olas dan vuelta el barco, ¡puede pararse y volver a casa! ¿Dónde está allí la fe? Por otro lado, cuando usted está ahí en aguas profundas y el bote comienza a balancearse y moverse y las tormentas de la vida comienzan a sacudirlo y a darlo vuelta y usted es arrojado del bote, no hay nada para sostenerlo excepto la poderosa mano de Dios. Personalmente, desearía estar en la mano de Dios en aguas profundas antes que en mis propias manos parado en la costa, chapoteando con los pececillos.

Aquellos que van al mar en barcos para hacer negocio en las muchas aguas, esos son los que ven las maravillas del Señor y sus milagros en lo profundo.

¿Está usted confiando en Dios para hacer algo que ninguno más puede hacer de tal manera que cuando él lo haga usted sabrá exactamente quién lo hizo? ¿Para qué está usted creyendo en Dios? ¿Es grande? ¿O está usted atascado en aguas poco profundas? Seamos específicos. *¿Cuál es su visión de la vida?* ¿Dónde piensa estar en cuatro años? ¿En diez años? ¿Qué clase de plan tiene para sus hijos? ¿Para su familia? ¿Para su carrera? ¿Para sus finanzas? ¿Hasta dónde alcanza ver por delante en el camino? ¿Y cuánto esta confiando en Dios *más allá* de donde puede ver?

Le desafío a aventurarse en la profundidad y comenzar a experimentar sus bendiciones de aguas profundas.

## Grandes sueños en progreso

En los años pasados, Iglesia Bíblica Central Fiel se ha movido en algunas aguas que son más profundas de lo nunca antes habíamos estado. Y permítame decirle, estamos viendo algunas sorprendentes bendiciones ahí. El proyecto de construcción de Faithful Central está haciendo un serio daño al reino de oscuridad.

Por ejemplo, hay tan pocos lugares en nuestra ciudad donde la gente joven puede ir y tener un tiempo divertido en forma saludable. Ese es un vacío que hemos sido llamados a llenar, ¡y lo estamos llenando! Estamos proveyendo un lugar para que la gente venga y disfrute, un lugar donde pueden experimentar buena y sana alegría. ¡Está bien ser salvo *y* pasarla bien! Me pongo nervioso en lugares donde el ambiente es pesado todo el tiempo. Me gusta la unción, pero está permitido reír en nuestra iglesia.

¿Cómo es su gozo de salvación? ¿Cuán profundo es su gozo en el Señor? Hay un gozo de Jesús que viene de lo profundo, del interior, que está basado en nuestra relación con Dios. ¡Nos asegura que estamos en el camino al cielo y que podemos gozar de nuestro viaje por el camino!

Hay principios teológicos y bíblicos de lo que estamos diciendo. Cuando Dios dice de ir y poseer la tierra, ¡vaya y tómela! Antes que pudiéramos andar en las aguas profundas con nuestro proyecto de edificación de la iglesia, tuvimos primero que soñar a lo grande. Fue un sueño que vino de Dios, un sueño que nos animó, nos inspiró, nos dio una visión y un impulso. Eso es lo que hacen los sueños. Los sueños lo ubican en el camino correcto y lo empujan a continuar cada paso del camino. Pero para continuar, ¡primero tiene que moverse! No caiga en la trampa de soñar todo el tiempo; actúe en base a sus sueños. ¡Haga que ocurran! Tráigalos a la realidad. Recuerde: ¡el pensamiento crea! Introduzca esta información, este conocimiento, en su espíritu y comience a pensar cómo incorporar el proceso de Dios y dar vida a su visión.

El proceso es el motor que lanza sus sueños a la realidad. El proceso pone viento en las velas de sus visiones e ideas. Una vez que comienza a llevar a cabo y actuar sobre sus sueños, la gente quedará sorprendida. El tiempo les probará que usted está en el camino correcto, que sus sueños no eran tan locos; ¡solo requerían un gran Dios para hacerlos realidad! ¡Que testimonio! ¡Usted tendrá una oportunidad de señalar a la gente al *verdadero* Maestro de la administración de negocios!

No se desanime. Sus sueños no ocurrirán instantáneamente, pero mientras usted trabaja al lado de Dios para realizar sus sueños en la vida, ellos despegarán y levantarán vuelo. Nunca se aparte de su visión solo porque otros no pueden verla. ¡Vívala!

*Con buen juicio se llenan sus cuartos de bellos y extraordinarios tesoros.*

PROVERBIOS 24:4

**Nota:**
1. John Knox (1513–1572), inscripción en el Monumento de la Reforma, Ginebra, Suiza.

## Capítulo 15

# *Espere* un retorno

> *Tuyos son, Señor, la grandeza y el poder,*
> *la gloria, la victoria y la majestad.*
> *Tuyo es todo cuanto hay en el cielo y en la tierra.*
> *Tuyo también es el reino, y tú estás por encima de todo.*
>
> 1 Crónicas 29:11

En el tiempo de Navidad cuando estaba creciendo, mi madre solía pararse frente a nosotros y darnos dinero, diciéndonos que fuéramos a comprar regalos para los miembros de nuestra familia y amigos para la Navidad. Así que tomábamos el dinero e íbamos a gastar en compras para todos. Cuando llegaba el día de Navidad y todos estábamos abriendo nuestros regalos, nuestra madre solía hacerse la sorprendida cuando recibía los suyos. Ella sabía de donde venía el dinero, ¡venía de ella!, pero así y todo pretendía estar sorprendida. Estaba genuinamente feliz con los regalos, aun cuando ella era el origen del dinero para comprarlos.

Una Navidad cuando tuve el dinero de mi madre para comprar los regalos, casualmente tenía una novia y se me fue la mano comprando regalos. El día de Navidad transcurrió, y nunca olvidaré la mirada en el rostro de mi madre aquella mañana. ¡Había gastado todo mi dinero en mi novia! Ni un centavo en nadie más, ni aún en mi madre, ¡aun cuando *ella* era quién me había dado el dinero! Cuando todos los regalos fueron dados, me miró con una mirada que no necesitaba palabras. *¿Dónde está el mío?*, decía su dolorida expresión. Déjeme decirle, nunca olvidaré cuán lastimada estaba por lo que le hice, en realidad, por lo que *no hice* para ella. Ella me había dado el dinero con el cuál debía haber bendecido a otros, y lo gasté todo en mi deseo egoísta, olvidando completamente su origen.

El mismo principio vale con nuestra relación con Dios. Él es quien provee nuestro todo, y sin embargo le agrada cuando recibe de nosotros, sus hijos. Cuando despilfarramos su dinero en otras cosas, él se siente evidentemente herido, así como mi madre lo fue cuando gasté todo el dinero que me dio en mi novia. Ella esperaba al menos algo... y no obtuvo nada. Tenía todo el derecho de desear algo; me dio el dinero por puro amor por mí, su hijo.

## Receptores por naturaleza

Los seres humanos somos receptores por naturaleza. No damos naturalmente. Está arraigado en nosotros desde que nacemos *desear, conseguir, recibir*. Usted no ve demasiados bebés que quieta y pacientemente esperan ser alimentados o que les cambien los pañales. ¡Vociferan!

Un instinto natural del niño es tomar y recibir; los padres tienen que enseñar a sus hijos a compartir porque su naturaleza es ser posesivos. ¿Cuántos niños de dos años dicen?: «Mamá, ¿cómo puedo ayudarte hoy? ¿Paso la aspiradora a los pisos? ¿Saco el polvo de los muebles? ¿Una taza de café?» No; ellos desean juguetes para jugar y otra taza de jugo, ¡y sería mejor hacerlo mientras *Dora la exploradora* está clamando como fondo en un televisor cercano! Los adolescentes son aún menos propensos a dar altruistamente. Cuando nos hacemos más viejos, la forma de actuar y las sutilezas cambian, pero aún deseamos, deseamos, deseamos.

Los cristianos que temen esperar un retorno están probablemente reaccionando a su tendencia natural a *desear*. Se dan cuenta de esta inclinación en ellos mismos y en otros y van al extremo opuesto, pensando que recibir es malo. Pero no lo es, en la medida que nuestras actitudes y motivos sean puros.

Sin embargo, los humanos tienen que ser entrenados para iniciarse en dar sin egoísmo. Este entrenamiento comienza con el entendimiento que vinimos al mundo sin nada y que cualquier cosa que tenemos es un regalo de un Padre que nos da, no porque tiene que hacerlo, sino porque nos ama. Una vez que adquirimos ese entendimiento, es más fácil comenzar a dar.

Dios es un dador natural. Y así como usted no desearía que rechacen un regalo que usted da, Dios no desea que rechacemos sus regalos. Una vez que recibimos esos regalos, sin embargo, tenemos que estar listos para ser dadores nosotros mismos, para seguir el modelo de Dios. Es un ciclo continuo, en movimiento. Dios da. Nosotros recibimos. Tomamos lo que recibimos y damos a otros. Ellos toman lo que han recibido y se espera que lo devuelvan a los propósitos de Dios. Y el proceso se mantiene en marcha. Pero para que el proceso funcione, debemos tener la voluntad de ser dadores. Esto puede ser duro porque dar no surge naturalmente. Tenemos que estar entrenados, nuestra mente renovada para esa actividad. Lleva un grado de reprogramación consciente hacer que nuestro corazón y mente *deseen* dar. Pero puede hacerse: ¡Dios dio el ejemplo!

## Dar en obediencia

Si usted pregunta a la mayoría de las personas acerca de la relación entre dar y recibir, probablemente le dirán que son acciones opuestos. Me gustaría desafiar ese pensamiento: Dar y recibir *no* son antitéticos uno al otro. Dar y recibir no son funciones separadas, individuales; son dos caras de la misma moneda. Lo que damos a Dios es lo que hemos ya recibido de él, y lo que nos da para controlar, debemos someter de vuelta a su dirección. Entender esto es esencial para los cristianos, porque impacta todo lo que hacemos; cómo damos el diezmo, cómo confiamos en Dios para proveernos y aun cómo nos acercamos a la salvación.

## Comenzó con Dios...

*Porque tanto amó Dios al mundo, que dio a su Hijo unigénito,*
*para que todo el que cree en él no se pierda,*
*sino que tenga vida eterna.*

JUAN 3:16

El dar comenzó con Dios. Él puso el modelo supremo para dar. En realidad, Dios no fue solo el primero en dar; él tenía que *crear* algo que dar. En el comienzo, creó los cielos y la Tierra, y luego comenzó a dar. Dios hizo el sol, que da calor y sustenta la vida. Dios hizo la luna, que ejerce su atracción gravitacional sobre los océanos para crear las mareas que circulan las grandes aguas. Dios hizo el aire, que nos mantiene vivos. Dios hizo la tierra, que da su abundancia para nuestro sustento. Dios hizo el mar, que da. Toda cosa que Dios hizo da.

El acto definitivo de la disposición de Dios de dar fue el don de su Hijo, Jesús, y Jesús dio su misma vida. El texto familiar de Juan 3:16 nos dice que Dios amó tanto al mundo que dio lo que era lo más precioso y de sumo valor para él.

Esta acción de Dios dando a su Hijo vino con dos obvios regalos para nosotros: no perezcamos *y* recibimos vida eterna. Y luego, para aquellos que aceptan el don de Jesús, un *tercer* don es dado:

> Mas a cuantos lo recibieron, a los que creen en su nombre, *les dio el derecho de ser hijos de Dios*. Éstos no nacen de la sangre, ni por deseos naturales, ni por voluntad humana, sino que nacen de Dios (Juan 1:12–13, énfasis agregado).

El tercer don es que los que creen en Jesús y aceptan el don de la salvación (junto con el par de dones de no perecer y disfrutar de vida eterna) se convierten en hijos de Dios. Lo que Dios obtiene en la transacción es que por *dar* a su Hijo, *recibe* nuevos hijos e hijas. El deseo de Dios es que todos se convirtieran en sus hijos, y para lograrlo, sacrificó a Jesús. En otras palabras, dio a Uno para recibir a muchos.

Dios dio, *esperando* recibir algo de retorno. Sabía que la «inversión» de su Hijo rendiría el resultado de nuevos hijos con quienes compartir la vida eterna; *por esta razón* él dio. Envió a su único Hijo, esperando obtener un retorno de su inversión. Fue una inversión enorme, pero valió la pena, dando un buen retorno.

Desde el mismo comienzo, Dios obtuvo un gran retorno. Consiguió a Mateo, Marcos, Lucas, Pedro, Santiago, Pablo y todos los otros apóstoles y discípulos. Y en la medida que ellos predicaban el evangelio, otros eran agregados a su reino; y esto se mantiene, haciéndose más grande, extenso y mejor a medida que el tiempo pasa.

La inversión de Dios revela que dar y recibir son en verdad una actividad espiritual movilizadora, giratoria, que rinde retornos cada vez mayores.

## Fiel a su palabra

Una vez que nos damos cuenta que Dios dio a Cristo esperando un retorno, se abre una nueva dimensión de entendimiento sobre el tema de recibir: está bien que esperemos un retorno de nuestras inversiones. En realidad, Dios mismo estableció el modelo cuando dijo:

Den, y se les dará: se les echará en el regazo una medida llena, apretada, sacudida y desbordante. Porque con la medida que midan a otros, se les medirá a ustedes (Lucas 6:38).

Mucha gente piensa que es poco espiritual esperar un retorno cuando dan, pero esa mentalidad básicamente dice que es equivocado confiar en el propio ejemplo de Dios. Esto no significa que su motivo para dar debiera ser que obtenga un retorno. No; significa que está bien simplemente saber que un día lo obtendrá. Dios mismo es quien dijo que cuando damos, nos será retornado, ¡y en *abundancia*!

Dar requiere tener fe que Dios será fiel a su palabra. Un dador espiritual que da en fe puede esperar ser bendecido. Sin embargo, algunas personas no se sienten cómodas pensando de que esto es lo que debiera ocurrir. Sienten como que es fijar un motivo impuro para dar y están en lo correcto *si* ese es el motivo para dar. Pero en la medida que su motivo es puro y desinteresado en primer lugar, usted *puede* esperar que algo ocurra. Puede no saber cuándo, dónde o cómo, pero le será retornado, en buena medida y *rebosando*.

Lo que recibimos puede no ser enormes cantidades de dinero en efectivo; no es eso lo que Dios promete. En realidad, Dios no especifica *lo que* recibiremos. Pudiera ser dinero, pudiera ser otra cosa, o bien una combinación de cosas. Pero lo que él dice es que recibiremos algo de valor y que será en abundancia. Su retorno abundante puede ser en forma de promoción. Puede ser en forma de un nuevo trabajo. Puede ser en forma de un ascenso. Puede aun ser un regalo. Una herencia. Un buen retorno de una inversión financiera. Pero lo cierto es que *obtendrá* un retorno y *será* abundante. Ese es simplemente el modelo de Dios.

Abundancia es como cuando su cesto de basura está lleno y usted no quiere sacarlo a la vereda o al garaje, así que le pone el pie encima y aplasta el contenido para que pueda poner más cosas adentro. Ese es el cuadro del abundante retorno de Dios. Aplastado, sacudido y rebosante; ¡y Dios no da basura!

# Capítulo 16

# La lección de Lidia

> *El sábado salimos a las afueras de la ciudad,*
> *y fuimos por la orilla del río, donde esperábamos encontrar*
> *un lugar de oración. Nos sentamos y nos pusimos a conversar*
> *con las mujeres que se habían reunido.*
> *Una de ellas, que se llamaba Lidia, adoraba a Dios.*
> *Era de la ciudad de Tiatira y vendía telas de púrpura.*
> *Mientras escuchaba, el Señor le abrió el corazón*
> *para que respondiera al mensaje de Pablo.*
>
> Hechos 16:13-14

Hechos 16:10 comienza con lo que es llamada la sección «nosotros» del libro de los Hechos. Previo a este relato, porque Lucas no era parte del séquito de Pablo, escribió en tercera persona. En Hechos 16:10, sin embargo, Lucas pasa de la tercera persona del plural a la primera persona del plural; de «ellos» a «nosotros». De este pasaje en adelante, a lo largo del libro de los Hechos, Lucas escribe desde la perspectiva de un testigo ocular involucrado en los acontecimientos que relata. Ya no está más mirando de afuera; está ahora involucrado en la acción.

## Lidia

Lucas relata su arribo a una ciudad llamada Filipos. En las afueras de la ciudad fueron a la ribera del río, donde encontraron un grupo de mujeres que se juntaban regularmente para orar. Incluida en este grupo estaba una mujer llamada Lidia, que se identifica como una vendedora de púrpura (una versión dice «de telas teñidas»).

La tela de púrpura era altamente valuada y muy cara en aquel tiempo. Era comúnmente usada por la realeza, los nobles y los senadores romanos como un signo público de sus altas posiciones. Una razón para el alto costo de las telas de púrpura era que su producción requería mucha mano de obra. El colorante usado para crear los intensos y ricos matices provenía de los moluscos, que eran blancos adentro y se volvían de una tonalidad carmesí intensa cuando eran expuestos a la luz solar.

Fuentes externas sugieren que como vendedora de la costosa tela de púrpura, Lidia era con gran probabilidad una exitosa y próspera comerciante y la Escritura indica lo mismo. Hechos 16:15 se refiere a «su familia», indicando que puede haber tenido sirvientes y parientes viviendo con ella.

Lidia vivía en la ciudad de Tiatira, que estaba en la ruta principal entre Pérgamo y Sardis. No era una ciudad portuaria como algunas otras de las ciudades comerciales de la región; estaba cerca de una ruta de comercio importante. Tiatira era conocida por sus gremios. En nuestra economía, los gremios serían como uniones o sociedades comerciales. Muchos artefactos históricos y antropológicos han sido excavados en Tiatira que revelan los nombres reales de algunos de esos varios gremios. El gremio más prominente en Tiatira en ese tiempo era un sindicato compuesto de gente que trabajaba con colorantes y telas. Era lo que hoy podríamos denominar como una unión de fabricantes de telas. Como vendedora de colorantes, telas y telas teñidas en toda la zona de Sardis (en principio a los comerciantes que pasaban por esa ruta), Lidia era probablemente miembro de ese gremio de fabricantes de tela.

Tiatira era también una ciudad pagana. En realidad, era el asentamiento de muchos santuarios y templos, incluso un santuario a un ídolo llamado Tirimnos. El templo de Tirimnos era una de las características arquitectónicas centrales de Tiatira. Había también muchos otros santuarios y templos más pequeños de ídolos extranjeros y dioses, incluyendo un santuario a una mujer llamada Jezabel, que se titulaba a sí misma profetisa (mencionada en Apocalipsis 2:20). Así, Tiatira no era precisamente lo que usted llamaría una ciudad santa.

Hechos nos dice que Lidia adoraba al Dios de los hebreos, el Dios de Israel. Y ahora, ella estaba por escuchar de Jesús...

> Una de ellas, que se llamaba Lidia, adoraba a Dios... Mientras escuchaba, el Señor le abrió el corazón para que respondiera al mensaje de Pablo (Hechos 16:14).

Aunque vivía en una ciudad de pecadores y adoradores de ídolos, Lidia era fiel al reino de Dios. Al hablarle a ella y otros allí a la orilla del río acerca de su testimonio personal, Pablo muy probablemente les contó que el había sido primeramente fariseo y estricto en hacer cumplir la ley judía, y acerca de su encuentro con Jesús en el camino a Damasco y su subsecuente conversión al cristianismo. Pablo les contó que este Jesús de Nazaret era en verdad el largamente esperado *Mashiyach* o Mesías, profetizado en la Torah judía. Les explicó que el Mesías Jesús había venido, cumpliendo la profecía, y de acuerdo con la profecía había sido crucificado como el sacrificio definitivo por los pecados de la humanidad. Entonces, luego de levantarse de entre los muertos como anticipó el profeta Isaías, Jesús había aparecido a los discípulos y ascendido a la derecha de Dios en el cielo.

Esta noticia estaba probablemente más allá de cualquier otra cosa que hubieran enseñado antes a Lidia. Pero el Señor abrió su corazón para aceptar el mensaje de Pablo, y ella respondió inmediatamente a su enseñanza del evangelio y a la instancia del Espíritu Santo, aceptando a Jesús como el Cristo, el Mesías. Hechos 16 dice que Lidia fue hallada fiel, y que Pablo y sus compañeros se quedaron con ella y la bautizaron. Finalmente, como dice en Hechos 16:40, la casa de Lidia se convirtió en un lugar de adoración y el lugar de nacimiento de la iglesia en Filipos.

¡La historia de Lidia es poderosa, con miríadas de implicancias y lecciones! Ella era una creyente que hizo su dinero haciendo negocio en un lugar de idolatría, maldad, pecadores, inmoralidad sexual e injusticia, ¡y así y todo *permaneció fiel*! ¡Qué ejemplo! Su corazón, sus acciones, sus decisiones, sus actividades, le otorgaron una honorable mención en las Escrituras para la eternidad.

## No *donde* sino *si*

Una lección importante que sacamos de la historia de Lidia tiene que ver con su percepción de la adoración. Ella no estaba limitada por la tradición. Lidia se dio cuenta que *si* ella adoraba era más importante que *donde* adoraba.

La Biblia dice que Lidia y las mujeres acostumbraban reunirse a la orilla del río para la oración. La Biblia no dice que se reunían *dentro* de la ciudad para orar; se juntaban *fuera* de la ciudad, lo que significa que estaban fuera del sendero habitual. Se juntaban a la orilla del río. No en una sinagoga, un templo o una escuela. No en un lugar santo de adoración acostumbrado o tradicional. Se reunían a la orilla del río, un lugar nada ortodoxo para orar.

Cuando la gente se junta a orar, se comunica con Dios. *Oración* significa que entramos a la presencia del Dios vivo. En oración, podemos alabar a Dios. En oración, podemos adorar a Dios. Estas mujeres se encontraban en el río para encontrarse con Dios y orar juntas, y posiblemente también para hablar de negocios. Se encontraban en un lugar que no era el usual, consagrado, especialmente diseñado como lugar santo. En realidad, podía haber sido un lugar cerca de una pequeña playa del río, donde la gente se juntaba normalmente para recreación. Y fue allí, en este lugar, que un grupo de santos se reunió para tener una reunión de oración y entrar en contacto con *Elohim*, el Dios de Israel.

El punto es este: las «mujeres de Lidia» encontraron un terreno de oración donde la gente por lo general no se juntaba para orar. Si vamos a ser lo que Dios nos llamó a ser, debemos llegar al punto donde estemos en condiciones de ir más allá de los tradicionales lugares santos de adoración. No podemos limitarnos a permanecer detrás de vitrales y sentarnos en bancos acolchados y estar rodeados de preciosos íconos sobre paredes santas. Debemos llegar al punto donde no se trata del *lugar* donde adoramos sino *si* adoramos. Si estamos haciendo el esfuerzo de entrar en contacto con Dios. Si nos hemos comprometido con él. Si *oramos,* no importa si podemos encontrar una sinagoga o un templo o una iglesia para orar adentro o no.

No importa si su iglesia, su grupo bíblico, su reunión de oración, se halla cerca de un cementerio, próximo a un casino, a una casa de juegos o directamente en el centro de un gueto. Una vez que decide que no es acerca de *donde* usted está, sino acerca de *quien* usted es y *si* usted es, entonces puede ser santificado y separado y consagrado al trabajo de Dios.

Si no nos aproximamos a la adoración con la misma apertura de mente que Lidia lo hizo, nos estamos perdiendo algo. No se deje atrapar por lo que está a su alrededor cuando se encuentra para orar a Dios. Decida que no va a permitir que alguien o algo o cualquier señal o reputación o historia pasada lo va a detener en lo que Dios lo ha llamado a hacer. Encuéntrese con Dios a su «ribera del río», aun si no hay nadie ahí excepto usted y Dios. Tiene demasiado para alabar a Dios, demasiado para agradecerle, y usted no tiene tiempo para mirar alrededor y estar seguro que hay vidrios de colores en la ventana, un símbolo sobre la puerta, una cruz atornillada a una pared, y una pintura de Jesús sobre el altar. ¡Solo alabe a Dios dondequiera que usted esté!

Cuando pienso acerca de la bondad de Jesús y todo lo que ha hecho por mí, mi alma puede gritar al lado del río, gritar en el Astrodomo Houston, gritar en el Gran Foro Oeste, gritar conduciendo por la autopista, ¡gritar solo! ¡Porque usted no sabe como yo sé lo que el Señor ha hecho por mí!

No escuche a la gente que dice, «Bueno, usted sabe, no puedo adorar ahí». ¡Estas mujeres se encontraban con Dios a la orilla del río! Que si usted estuviera ahí en aquel día que Jesús alimentó a los 5.000 y usted dijera: «No puedo arreglarme con la multitud. No participaré de esto». ¿Usted no puede reunirse con Jesús en el Mar de Galilea? ¿Tiene que encontrarse únicamente en su iglesia? ¡Usted se habría perdido un almuerzo con el Señor del universo ese día si es de la clase que se preocupa por el lugar y la multitud!

## Las prioridades de Lidia

Algunas personas afirman que la Biblia condena al dinero. Es totalmente obvio que no lo hace. La palabra claramente establece en 1 Timoteo 6:10, que es «el amor al dinero» una raíz a toda clase de males; no el dinero en si mismo. Todo es acerca de prioridades, actitud y motivo.

Había una vez un hombre rico a quien Jesús llamó la atención sobre el tema de amar al dinero más que a él:

> Cuando Jesús estaba ya para irse, un hombre llegó corriendo y se postró delante de él.
> Maestro bueno, —le preguntó—, ¿qué debo hacer para heredar la vida eterna?
> — ¿Por qué me llamas bueno? —respondió Jesús—. Nadie es bueno sino sólo Dios. Ya sabes los mandamientos: «No mates, no cometas adulterio, no robes, no presentes falso testimonio, no defraudes, honra a tu padre y a tu madre».
> —Maestro —dijo el hombre—, todo eso lo he cumplido desde que era joven.
> Jesús lo miró con amor y añadió:
> —Una sola cosa te falta: anda, vende todo lo que tienes y dáselo a los pobres, y tendrás tesoro en el cielo. Luego ven y sígueme.
> Al oír esto, el hombre se desanimó y se fue triste porque tenía muchas riquezas (Marcos 10:17–22).

El hombre le preguntó a Jesús que debía hacer para ir al cielo, y Jesús le dijo que tomara todas sus riquezas, las convirtiera en dinero y lo diera a los necesitados, y comenzara entonces a vivir su vida para él. Pero el hombre se alejó apenado, porque era rico y pensó que se le estaba diciendo que diera lo que el consideraba ser *su* dinero y se hiciera pobre. Eso no es lo que Jesús le estaba requiriendo.

El peligro del ataque del enemigo sobre la abundancia es que nos hará confiar en nuestras riquezas, nuestras inversiones o nuestra cartera de acciones antes que en Dios. El propósito de este hombre con su dinero no era hacer la voluntad de Dios con lo que Dios le había dado. En cambio su prioridad era acaparar para si y no honrar a su fuente (Dios), cambiando su actitud y usando el dinero para el propósito y la gloria de Dios. No quería compartir con los pobres, no quería seguir a Jesús, y no deseaba siquiera reconocer que fue Dios quien le había permitido amasar su fortuna. Satanás ama esa actitud.

Esta es la razón porque la historia de Lidia es tan gran ejemplo para nosotros. Sabemos que ella era rica, pero así y todo mantuvo claras sus prioridades y evidentemente amaba a Dios por encima de cualquier otra cosa. Ella tenía dinero, pero no lo «amaba» ni lo ponía por encima de Dios. Mantenía su testimonio mientras vivía en una ciudad plagada de pecado, rodeada de blasfemos, pecadores y personas que rechazaban a Dios. En realidad, en Apocalipsis 2 leemos que aun ¡algunos de los *creyentes* en Tiatira estaban viviendo como los pecadores en el mundo! Y el Señor les llamó la atención:

> Sin embargo, tengo en tu contra que toleras a Jezabel, esa mujer que dice ser profetisa. Con su enseñanza engaña a mis siervos, pues los induce a cometer inmoralidades sexuales y a comer alimentos sacrificados a los ídolos. Le he dado tiempo para que se arrepienta de su inmoralidad, pero no quiere hacerlo (Apoc 2:20–21).

Sin embargo, viviendo aquí en el medio de la misma ciudad estaba una mujer que creía en Dios, era exitosa y rica *y* fue escogida como un ejemplo positivo en la Biblia para todas las generaciones. Si Lidia pudo hacer todo eso, llevar adelante un negocio, abrir su casa a una iglesia, ganar riqueza, mantener su integridad espiritual y moral, y honrar a Dios, ¿no podemos nosotros? Deberíamos al menos esforzarnos por eso. ¡Es lo mejor de lo mejor!

CAPÍTULO 17

# La diferencia entre negocio y profesión

*Vengan, síganme, les dijo Jesús, y los haré pescadores de hombres.»*
MARCOS 1:17

Lidia es prueba de una importante lección que todos necesitamos aprender: la diferencia entre la profesión y el negocio de uno. Profesión y negocio son dos cosas diferentes. La profesión de Lidia era vender tela teñida, pero su *negocio* era el negocio del reino.

## La diferencia

Su *profesión* es lo que hace en la superficie. Su *negocio* es lo que subyace, la causa motivadora que da verdadero significado y valor a su vida. Si usted es médico, por ejemplo, su *profesión* es ser médico, pero su negocio es ayudar a la gente y hacerles bien. Como negocio, es su objetivo final.

Algunas veces el negocio es intangible; alguna veces no. En algunos casos una profesión y un negocio pueden ser completamente diferentes. Su profesión puede mantener su negocio, aunque lo que se ve visiblemente a través de su profesión puede no indicar en forma directa exactamente cuál es su negocio. Tome por ejemplo el titular de las parcelas individuales de bienes inmuebles de más alto valor en el mundo. No es Donald Trump. Tampoco Leona Helmsley. Ni la Reina de Inglaterra. Ni siquiera el gobierno de Estados Unidos. Es la corporación McDonald. Así es, la cadena de restaurantes de comida rápida. McDonald posee más bienes inmuebles de alta visibilidad que la Iglesia Católica. ¡Probablemente solo Starbucks ofrece seria competencia a McDonald por el título!

Una anécdota cuenta que en un encuentro después de una conferencia que una vez dio en la Universidad de North Carolina, Ray Kroc, fundador de McDonald, preguntó a los estudiantes en que negocio estaba él. Por supuesto, sonrieron por lo bajo y dijeron, «¡Mickey Dees! ¡Usted está en el negocio de las hamburguesas!»

De acuerdo a la anécdota, Mr. Kroc sonrió y dijo: «No. Se equivocan. Estoy en el *negocio de los bienes inmuebles*. ¿Cómo? Es cierto, no el negocio *de las hamburguesas de carne y panecillos con semilla de sésamo*, sino el *negocio de los bienes inmuebles*. Mr. Kroc explicó que sus locales están ubicados en las áreas de mayor tráfico y mayor exposición en la mayoría de las ciudades importantes de todo el mundo, dando a McDonald el primer lugar como propietario de bienes inmuebles en el globo. La corporación McDonald comenzó a darse cuenta unos pocos años después de que comenzaran a crecer en el negocio de las hamburguesas que no estaban adquiriendo locales para hacer hamburguesas, sino que estaban también adquiriendo bienes inmuebles.

La Corporación McDonald ilustra perfectamente la distinción entre negocio y profesión. Su *profesión* era vender hamburguesas; su *negocio* era el de los bienes inmuebles. Otros ejemplos muestran esta simple diferencia entre profesión y negocio:

## Lidia

**Profesión**   *Vender tela teñida de púrpura*
**Negocio**     *Negocio del Reino: proveer un lugar para una iglesia local, diseminando la palabra de Dios, brindando un lugar de confort y seguridad al pueblo de Dios.*

## Mateo

**Profesión**   *Recaudar impuestos*
**Negocio**     *Negocio del reino: seguir a Jesucristo como discípulo, registrando y escribiendo el Evangelio de Mateo.*

## Jesús

**Profesión**  Carpintería, antes de convertirse en un rabí de tiempo completo, lo cuál, según la ley judía, podía solo ocurrir luego que un hombre alcanzaba los 30 años.

**Negocio**  Negocio del Reino: «En los negocios de mi Padre me es necesario estar» (Lucas 2:49) (RVR60)

## Santiago y Juan

**Profesión**  Pescadores
**Negocio**  Negocio del reino: ser pescadores de hombres.

### ¿Eso importa?

¿Entender la diferencia entre negocio y profesión realmente importa tanto? Absolutamente. Una vez que hemos incorporado esto a nuestra forma de pensar como cristianos en nuestros esfuerzos por hacernos cargo de los negocios usando el proceso de Dios, estamos listos para ser totalmente efectivos en su reino; entonces podemos darnos cuenta que podemos estar en los negocios de Dios sin importar cuál sea nuestra profesión.

Iglesia Bíblica Central Fiel es el propietario y operador de un estadio deportivo. Aunque nuestra profesión se ha extendido para incluir operaciones inmobiliarias y operación de estadios deportivos, no hemos perdido de vista nuestro negocio: *extender el reino de Dios*. Hasta que compramos el Gran Foro Oeste, no había iglesia que fuera propietaria de un estadio deportivo en el mundo. Cuando decidimos comprar este hito histórico deportivo, nuestro banco no entendía. Pensaban que estábamos tratando de comprar un edificio para nuestra creciente iglesia familiar. Les explicamos, Sí, estamos haciendo eso… ¡y mucho más que eso! Operamos el estadio como un negocio durante el tiempo que la iglesia no se reúne. Aunque nuestra profesión es ser propietarios-operadores de un estadio, nuestro negocio es el negocio del reino. Mientras los competidores están en el estadio tratando de hacer puntos a favor y en contra del equipo local, ¡nosotros estamos mirando a Jesús clavando pelotas en el aro contra el diablo y haciendo puntos para el equipo celestial!

Nuestra profesión puede ser administrar un gran estadio de entretenimientos en Los Angeles, pero nuestro negocio sigue siendo el negocio del reino.

Nuestro negocio es *cambiar vidas*.

Nuestro negocio es *dar a la comunidad*.

Nuestro negocio es *enseñar y animar a la juventud a atreverse a soñar en grande, como es grande nuestro Dios*.

Nuestro negocio es *generar trabajos*.

Nuestro negocio es *tocar a las almas y llevar el reino donde ninguna iglesia se atrevió a llevarlo antes*.

Nuestro negocio es *inspirar a la gente no solo a dar mayor dimensión a su forma de pensar sino llevarlos a la forma de pensar de Dios*.

¡Que tremendo negocio para involucrarse!

¿Cuál es su negocio? No diga: «Ah, yo soy vendedor».

«Soy abogado».

«Soy médico».

«Soy mecánico».

Esa es su *profesión*. Estoy hablando sobre su negocio, el propósito, el significado más profundo y la motivación detrás de su profesión. ¿Está usted extendiendo el reino? ¿Está ganándose el pan o edificando una vida? ¿Es un depósito de recursos o un canal de compasión?

Si no está seguro de cuál es su negocio, me gustaría sugerirle que reenfoque su punto de vista y comience a expandir el reino de Dios sobre la Tierra, no importa cuál sea su profesión. ¡Métase en una mentalidad de negocio del reino y observe a Dios trabajar en su vida!

Capítulo 18

# Una generación en el filo

A demasiados de nuestros hijos hoy no se les está enseñando un entendimiento bíblico coherente del dinero. En consecuencia, están entrando en la adultez espiritualmente desinformados y sin entrenamiento financiero. Quizá es porque sus padres no comprenden cómo tratar los asuntos monetarios.

Los hijos observan como sus padres sacan cuentas de crédito en joyerías, tiendas, casas de ropa y locales virtuales, y el propósito es siempre el mismo: comprar más *cosas* con dinero que no tienen. Esto conduce a que los sistemas de valores de sus hijos se distorsionen. Una vez que *ellos* tienen dinero, no saben tampoco cómo manejarlo. A medida que crecen como adultos, ponen el mismo pobre ejemplo para la generación que viene detrás y el ciclo empeorará. En lugar de invertir dinero, se lo ponen alrededor de sus cuellos, lo utilizan para un nuevo auto, lo usan en sus dedos, lo envuelven sobre sus cuerpos, lo introducen en los reproductores de DVD y lo escuchan a través de los auriculares. Todo porque nuestra generación no está enseñándoles a manejar sus asuntos financieros a la manera de Dios.

Como bendiciones de Dios, nuestros hijos son activos en si mismos. Es nuestra responsabilidad entrenarlos en los caminos de Dios de manera que estén financiera y moralmente preparados para tratar correctamente con la vida que está por delante de ellos. Esto incluye instrucciones bíblicas para manejar el dinero a la manera de Dios. Es urgente que los adultos tengamos nuestros asuntos de dinero resueltos, porque hacernos cargo de nuestros negocios correcta y sabiamente no nos afecta solo a nosotros; afecta también a la próxima generación.

Lo mismo que está ocurriendo con nuestra generación como padres y con nuestros hijos hoy, estaba también ocurriendo 2.400 años atrás, como el pasaje siguiente describe:

Otros se quejaban: «Por conseguir trigo para no morirnos de hambre, hemos hipotecado nuestros campos, viñedos y casas.» Había también quienes se quejaban: «Tuvimos que empeñar nuestros campos y viñedos para conseguir dinero prestado y así pagar el tributo al rey. Y aunque nosotros y nuestros hermanos somos de la misma sangre, y nuestros hijos y los suyos son iguales, a nosotros nos ha tocado vender a nuestros hijos e hijas como esclavos. De hecho, hay hijas nuestras sirviendo como esclavas, y no podemos rescatarlas, puesto que nuestros campos y viñedos están en poder de otros» (Nehemías 5:3–5).

La generación que hoy se levanta llamada «*baby boomers*»[1] está en esclavitud. Se ha dicho que esta será la primera generación de estadounidenses a la que no le ha ido mejor económicamente que a aquella que le precedió.

¿Qué clase de legado estamos dejando a nuestros hijos? Todo lo que hacemos y no hacemos tiene un efecto de goteo (o filtrado) hacia la próxima generación y más allá. Las consecuencias de nuestras acciones resonarán en las futuras generaciones. Ahora tenemos una generación que está siendo conducida a la esclavitud porque la generación previa no está manejando las finanzas correctamente, ni estamos enseñando a nuestros hijos principios bíblicos del manejo del dinero. No estamos operando con una mentalidad de productividad, ni estamos pasando estas enseñanzas bíblicas a nuestros hijos. Esta negligencia se filtra, haciéndose más pesada, como un barro espeso, para la próxima generación. Y la próxima, y la próxima.

Para el tiempo en que nuestros nietos lleguen a los veinte años, nuestros hijos estarán tan esclavizados que no tendrán herencia para dejarles. Lo mismo que en tiempos de Nehemías, ellos tendrán que pedir dinero prestado para pagar sus impuestos al gobierno. Si no revertimos esta alarmante tendencia, nuestro nietos no tendrán otra elección que ser esclavizados para pagar las deudas, préstamos, tarjetas de crédito e impuestos de sus padres; todo porque nuestra generación fue negligente en enseñar a nuestros hijos el sano manejo del dinero.

Podemos hablar sobre cuántos miembros tenemos en nuestras iglesias y cuánto dinero tenemos en nuestras cuentas y cuál es el presupuesto, pero si no tenemos algo que traspasar a la próxima generación que va más allá de ladrillos y cemento, hemos perdido la enseñanza de Dios y hemos hecho las cosas más económicamente difíciles para nuestros hijos.

Dios nos dio un proceso claro que ayudará a nuestros hijos a ser lo que Dios los ha llamado a ser. Deberíamos animarnos a enseñárselo, a llevarlos más allá de la manera en que las cosas suelen ser. Tenemos que enseñarles que hay algo más que los espectáculos de TV que contienen hombres violentos, mujeres con poca ropa, nuevas modas pasajeras, iPods, radio por internet, sexo promiscuo, juegos violentos de video, y más, hasta un infinito destructivo.

Hay genios en las calles de los centros de las ciudades que están usando colores de pandillas callejeras y arrojando señales de pandillas. Hay gigantes mentales con tremenda capacidad para conducir y motivar a la gente. Hay mentes en las calles que han tomado a chicos y chicas caprichosos cuyos padres no tienen tiempo para ellos y los han organizado en pandillas criminales que funcionan tan eficientemente como cualquier corporación de Fortune 500. Durante los intentos de intermediación para lograr acuerdos de paz entre bandas rivales en Los Angeles, con mi amigo Steve Harvey aprendimos y discutimos cuán brillantes eran algunos de estos guerreros callejeros. Algunos de estos chicos tienen mentes geniales. Hay muchachos en las calles que no tienen dirección y son brillantes, cuyas energías han sido programadas y dirigidas en caminos equivocados. Si la iglesia no los puede salvar, ¿quién puede? ¿Cómo podemos cambiarlos si no les estamos dando modelos duraderos o enseñanzas sabias? ¿Cuándo les ofreceremos mejores ejemplos de los que el mundo les está ofreciendo?

Esta generación está en riesgo porque no los estamos entrenando. En realidad, al no enseñarles principios bíblicos, *les* estamos ayudando a entrar en esclavitud. Tenemos una generación de gente joven que no puede ver más allá de *aquí* y *ahora*. Su sistema de valores y prioridades no va más allá de lo que está enfrente de ellos, porque no se les está enseñando nada mejor. Esto atrofia su crecimiento psicológico y transforma su auto imagen en algo indefinible. Creen que su valor viene de lo que usan o de cuántos diamantes tienen en sus dedos y cuán «chevere» parecen, y cuántas canciones almacenan en sus iPod, en lugar de la virtud, carácter, buena moral y la disposición de seguir el corazón del Maestro.

Esta generación está balanceándose en el filo. Nuestros hijos están siendo criados por imágenes mediáticas que el mundo proclama representan «lo mejor». Deslumbrante. La deuda de la tarjeta de crédito (el más alto saldo promedio debido en el mundo entero). El dinero prestado para comprar autos nuevos (que pierden la mitad de su valor en los primeros pocos meses, y usted debe aún el monto total más el interés). Comprar sin adelantar dinero, hipotecas de solo interés (compre hoy, pague mañana). Para algunos, las únicas personas que se ven pagando al contado los autos son proxenetas o traficantes de drogas. Esta generación pagará todo mañana. Y mañana ya está golpeando a la puerta.

Si no cambiamos todo eso, perderemos esta generación adolescente y algo de la de veinte años y la generación que surgirá de ellos, nuestros nietos.

Instruye al niño en el camino correcto, y aun en su vejez no lo abandonará (Proverbios 22:6).

*Podemos* revertir la situación y asegurarnos que nuestros chicos estén equipados para tener éxito. Pero es necesaria una reprogramación si esta generación que viene va a tener la mitad de las posibilidades de ser mejor y dejar mejores legados que sexo, guerra y «pon a punto la máquina» *[pimp my ride]*, quien parece mejor y quien usa menos ropa.

Hay personas que podrían dirigir corporaciones exitosas si hiciéramos un esfuerzo por reprogramar su forma de pensar y les enseñáramos a canalizar esa energía en algo positivo. ¿Está haciendo eso su iglesia? ¿Están enseñando a sus hijos principios que atraerán a una generación después de ellos a hacer las cosas a la manera de Dios? ¡Esta generación tiene el potencial de ser la más grande para Dios *de todos los tiempos*!

Y está todo en nuestras manos. Como adultos, tenemos una *responsabilidad* para preparar e instruir a nuestros hijos en el temor y amonestación del Señor, que incluye asuntos espirituales y asuntos monetarios. Cómo hacemos esto produce toda la diferencia. Si deseamos instruirles exitosamente, debemos darles ejemplos. No funciona simplemente *decirles* a nuestros hijos; debemos *mostrarles*. Debemos establecer con confianza: «Haz como digo y como hago».

La Biblia dice que una generación entera fue a la esclavitud porque la generación previa había echado todo a perder para ellos. ¡No será así en mi puesto de guardia! ¡No será así en mi casa! ¡No será así con la generación de niños que cantan en nuestra iglesia los domingos! Ellos verán algo diferente. Soñarán grandes sueños. Mirarán más alto. Sabrán el valor que Dios pone en ellos. Una generación entera está en juego.

El hombre de bien deja herencia a sus nietos (Proverbios 13:22).

Note en esta escritura que es el «hombre de bien» que deja herencia a sus nietos. Ese es el modelo: si usted es bueno, dejará algo para sus nietos. La implicancia es que si usted no es una buena persona, no lo hará. Para dejar una herencia, usted tiene que construir, crear, hacer algo. Para hacer eso, tiene que aprender cómo. Dios nos enseña cómo, en su proceso para administrar el dinero.

La palabra «herencia» (*nachal* en hebreo) tiene que ver con ocupación, como un lugar o algo que tiene que ser ocupado. Cuando Dios dice dejar una herencia a los hijos de nuestros hijos, significa que vamos a dejarle *espacio* para ocupar. Se refiere a tierra que es dividida. Hemos aprendido que Dios es el dueño de toda la tierra. En los tiempos bíblicos, la riqueza se medía principalmente por la tierra que se poseía. Podemos entender esto en los términos económicos de hoy en día, como pasar a nuestros hijos algo de valor económico, sea en tierras u otros activos tangibles. Así, «el hombre de bien deja herencia» significa un espacio, un lugar, tierra a ser ocupada por los hijos de sus hijos. Tomando una perspectiva mayor, esto no se aplica solo a lo físico; se aplica también a las enseñanzas espirituales que dejamos para nuestros hijos.

## Los hijos de nuestros hijos

La herencia que dejamos no es solo para nuestros hijos, sino también para *sus* hijos, y siguiendo a través de las generaciones. Lo que pasamos a nuestros hijos debe ser tanto espiritual como práctico.

*Espiritual:* Cuando llegue el tiempo de que nuestros hijos instruyan y entrenen a sus propios hijos, serán capaces de extraer el valor espiritual de las lecciones financieras que les hemos enseñado. Lo que se les enseña desde una perspectiva bíblica hoy, es una inversión en el entrenamiento y bienestar de las generaciones que surgirán de ellos.

Práctico: Además de dejarle una herencia valiosa, sustentable que tendrá valor duradero, usted necesita también dejar un entendimiento de cómo *manejar* esa herencia desde una perspectiva pragmática, que es la sabiduría y perspicacia financiera para manejar correctamente las bendiciones monetarias. De otra manera, sus hijos gastarán la herencia y no tendrán nada para dejar a *sus* hijos y nietos.

Dios nos ha llamado a «transmitirlo» a nuestros hijos y a sus hijos y así siguiendo la línea. ¿Usted lo está transmitiendo? ¿Está invirtiendo en las vidas de la próxima generación, de manera que ellos tengan un entendimiento bíblico de estos asuntos financieros?

Si usted desea escuchar a Dios decirle un día: «¡Hiciste bien, siervo bueno y fiel!» (Mateo 25:21-23; Luc 19:17), entonces tome con seriedad esta responsabilidad de cuidar para la próxima generación. Nuestros hijos son un activo demasiado valioso para hacer menos.

## Tiempo para un cambio

Si no fuera por otra razón, tenemos que ayudar a nuestros pequeños varones y mujeres a entender que no se trata del poder cerebral, no es la raza, no es acerca de qué lado de la vía provienen: la vida es acerca de crecer para ser lo que Dios los llama a ser. (¡Luego ellos pueden comprar su propia víá!). La única manera de hacer esto es por encarar los asuntos de negocio y financieros a la manera de Dios, y pasar esta enseñanza a nuestros hijos.

La medida de mi ministerio no se ve solo en mí. La medida de mi ministerio está en *los hijos de mis hijos*. Mi hijo y mis hijas son solo una generación. Tengo que hablar algo a sus espíritus que puedan tomar y comunicar a la generación de sus hijos e hijas.

La inversión diligente y el buen uso de su dinero para que cuente es un principio del reino establecido por Dios mismo. Él ha establecido un claro proceso que debemos seguir para hacernos cargo del negocio hasta que Jesús vuelva. *Si* usted y su familia son dignos del esfuerzo y *si* usted desea aprender el proceso de Dios al gobernar los asuntos monetarios y financieros, ¡comience con una decisión de poner su proceso en práctica y manejar sus asuntos monetarios a la manera de Dios! Un «buen» hombre o una «buena» mujer recibe y entrega, comenzando con la próxima generación.

La elección es suya.

> *Pobreza es el resultado de nuestra negativa a compartir con otros.*
> *Ni siquiera Dios nos forzará a hacer lo bueno.*
> *Nosotros elegimos hacer lo bueno.*
>
> MADRE TERESA

**Nota:**

[1] Nota del traductor: En EE.UU. de América, se refiere a la explosión de nacimientos después de la Segunda Guerra Mundial.

CAPÍTULO 19

# Así que… ¿Cuánto?

Así que aquí viene la pregunta del día: ¿Cuánto es suficiente? Con la clase de teología que se ha introducido hoy en el cuerpo de Cristo, esta es una pregunta que raramente (si alguna vez) se hace. ¿Cuánto es lo suficiente?

Recuerde lo que es la abundancia: el excedente de una medida fija. Usted nunca estará en abundancia hasta que defina cuánto es lo suficiente. Jesucristo murió sin poseer nada material excepto su túnica. La Madre Teresa murió sin tener nada. El Doctor Bill Bright, un hombre a quien he conocido y que me orientó y aconsejó a distancia, murió sin poseer nada. Sin embargo, ellos dieron de manera masiva, tanto económica como espiritualmente.

Algo que la gente parece olvidar es que la Biblia no fue escrita únicamente para los norteamericanos y la mentalidad norteamericana acerca del dinero. La gente piensa que alguien como la Madre Teresa, que solo poseía un par de sandalias y una túnica, era pobre. Pero riqueza no es necesariamente dinero en efectivo o ingresos o cuentas en el banco. La Madre Teresa, que virtualmente no tenía nada de su propiedad, podía ordenar tener un avión jet a su disposición con una simple llamada telefónica si así lo deseaba. Era tan rica y próspera como Dios había ordenado en la posición donde él la puso. Y aun cuando ella era aparentemente «pobre» para la mentalidad occidental, ayudó a decenas de miles de personas mientras vivió; los sin techo, los enfermos, los inválidos, y todo sin contar con ninguna posesión propia. Ella era verdaderamente rica en el Señor, porque estaba donde Dios deseaba que estuviera, haciendo lo que él deseaba que hiciera, ayudando a las persona que necesitaban ser ayudadas en formas que desafían la convención monetaria norteamericana.

La Biblia fue escrita para todos los pueblos, africanos, paquistaníes, chinos, indios, americanos, etc., así que tiene que ser tomada en el contexto en que fue escrita. En el contexto de Kolkata (Calcuta), India, una de las ciudades más densamente pobladas y pobres en el mundo entero, una monja no construye corporaciones y, sin embargo, aún puede dar en forma significativa. La madre

Teresa hizo cosas que Bill Gates no pudo hacer, porque ella tenía las riquezas espirituales de donde sacar (que incluían relaciones con gente rica y poderosa). Podía no haber tenido el efectivo, pero tenía un nivel de respeto, conexiones y reputación internacional que cruzaba todas las fronteras y divisiones étnicas, culturales y socio políticas, permitiéndole lograr que las cosas se hicieran en una escala mundial. Hombres como Paul Allen, Warren Buffet, Ted Turner o Bill Gates pueden ser capaces de firmar abultados cheques, pero el alcance, influencia y efecto de la Madre Teresa fueron igualmente de tanto alcance, profundidad y amplitud como aquellos.

Otro ejemplo es el Dr. Bill Bright. Él también murió sin poseer nada. Cuando Bright era un estudiante del colegio, hizo un pacto con Dios que él no tendría ninguna posesión y confiaría en Dios para todas las cosas. La gente se reía de Bill porque usaba el mismo traje negro todo el tiempo. Él no tenía nada. Dio su vida por el reino de Dios. Dio su vida por otros. Y en los últimos ocho o diez años de vida, el Dr. Bright viajó en un avión privado. Un billonario lo puso a su disposición.

Pero hay otro aspecto importante. Fui honrado para actuar como co-director de la última Cruzada de Billy Graham en Los Angeles en noviembre de 2004, junto con mis queridos amigos el Dr. Jack Hayford y el Dr. Lloyd Ogilvie. El domingo previo a la cruzada, estuve en un encuentro en el cuál se le entregó al Dr. Billy Graham el Premio Príncipe de Paz. Solo tres personas más los habían recibido: el rey Hussein de Jordania, el presidente egipcio Anwar Sadat y la Madre Teresa, y luego, el Dr. Billy Graham. Era una hermosa estatua, y junto con ella un regalo en efectivo de medio millón de dólares. En el acto, al recibir el dinero, el Dr. Billy Graham donó todo a la cruzada donde 7.000 personas harían decisiones de cambiar de vida durante la presentación del evangelio de Jesucristo. En aquel mismo encuentro, estaba sentado un hombre en la fila del frente y conversamos con él que teníamos casi dos millones de dólares de déficit en el presupuesto de aquella campaña en particular. Ahí mismo, el hombre escribió un cheque personal por otro medio millón de dólares.

Hay un principio que necesitamos aprender, y si lo perdemos, admiraremos el hecho de que la Madre Teresa y Bill Bright murieran sin nada, mucho más de lo que admiraremos a hombres que son capaces de dar medio millón de dólares para hacer el trabajo de Dios sin pestañear. El dinero cuenta cuando nos convertimos en ríos y canales de bendición antes que en depósitos de riqueza. Todo estos santos; la Madre Teresa, Bill Bright, Billy Graham y el donante en la cruzada, dieron al reino de Dios. Pero Billy Graham y el donante dieron del *excedente* de Dios. ¡Imagine lo que hay en la copa de los hombres que tan fácil y prontamente dieron medio millón de dólares en el acto!

No se deje atrapar en alguna mentalidad de santa pobreza que le haga pensar que usted es más espiritual si está sin dinero. Dios habla a nuestros corazones. Hay un llamado que él ha puesto sobre cada una de nuestras vidas. Para algunos de nosotros es un llamado a tener menores ingresos y dar de lo nuestro como abundancia para otros. Para otros, es un llamado a tener recursos y la capacidad de firmar cheques generosos, para sembrar en el reino, para patrocinar el espectáculo, pagar el vestuario, comprar el pan, pagar los salarios para bendecir a organizaciones benéficas y otras causas humanitarias dignas. Es solo un espíritu de Mamón que trae una mentalidad de pobreza. Esa es la diferencia entre simplemente dar, y dar del excedente de Dios.

Dios puede y crea millonarios. Hay muchos millonarios cristianos en formación, no porque son súper-espirituales, sino porque se colocarán bajo la palabra de Dios y le honrarán y llegarán a una posición para ser bendecidos. Él sabe que puede confiarles sus riquezas. Hay una palabra que va más allá de la abundancia, más allá del dinero, aun más allá de las riquezas, y esa palabra es «prosperidad». Dios desea prosperidad para usted de manera que pueda mejorar y dar para las necesidades de su reino.

## El gran coreógrafo

Cada año desde 1947, el premio Tony ha sido otorgado en varias categorías de presentación de escenarios teatrales. Mejor representación. Mejor orquestación. Mejor vestuario. Incluida en la lista está mejor coreografía, para la persona que orquesta la mejor secuencia de danza en un espectáculo musical o de Broadway.

Dios es el gran coreógrafo de la vida. Ganaría el Tony todos los años si le dejaran entrar en el concurso. Y cuando se trata de temas financieros y el uso de dinero y recursos, Dios es también el coreógrafo detrás de todo. Él esta ahí cuando la semilla es primero sembrada, y en todo el trayecto hasta el mismo final cuando es multiplicada y pasada a otros:

> El que le suple semilla al que siembra también le suplirá pan para que coma, aumentará los cultivos y hará que ustedes produzcan una abundante cosecha de justicia (2 Corintios 9:10).

La palabra «suple» es la palabra griega *epichoregeo*, de la cuál obtenemos la nuestra «coreografía». El prefijo «epi» significa *sobre*, y la palabra raíz «choregeo» significa *ser un conductor de danza*. Cuando las dos partes de la palabra se unen, el resultado final significa proveer las necesidades de, facilitar, suplir totalmente, ayudar o contribuir, agregar a, o ministrar a... O sea, hacer *coreografía*.

El proceso completo delineado en 2 Corintios 9:6–11 es orquestado, o *coreografiado*, por nuestro Dios. Observe la manera en que Pablo divide el versículo de 2 Corintios 9:10: él dice que Dios nos da la semilla para *comer* y también para *sembrar*. En otras palabras, el mismo Dios que nos da pan para comer también nos da semilla para sembrar. «Pan» simboliza nuestra necesidad. La clave está en la palabra «suple». Otra versión dice «da». Cualquiera sea la traducción, el punto es que Dios provee semilla para la siembra *y* nos da pan para comer. No se pueden separar las dos; van de la mano. Pero Dios no *hace* pan. Nos da la semilla y nos ayuda a cosechar, de manera que *nosotros* hacemos el pan real, lo cuál solo ocurre después que hemos sembrado la semilla y la semilla ha producido una cosecha. *Nosotros* debemos cosechar la semilla. *Nosotros* debemos transformar la semilla de la cosecha en harina. *Nosotros* debemos mezclar la harina y convertirla en masa. *Nosotros* debemos poner la masa en el calor del horno. Y luego, cuando las cosas se enfrían... ¡*voila!*: pan. Dios nos da todo lo que necesitamos para obtener pan, pero *nosotros* tenemos que *hacer el pan*.

Hay un proceso para llegar de la semilla al pan, y Dios es el *coreógrafo* detrás del proceso. Dios provee; él es quien «ministra». En otras palabras, él es el conductor, patrocinante, financista de un coro que actúa. Es una buena imagen de lo que ocurre en el mundo artístico, como una compañía de intérpretes que va de un lugar a otro. El que provee es el que financia la compañía, el que paga todas las cuentas por la actuación. En el pasaje de 2 Corintios 9, el que provee las necesidades de los intérpretes es la palabra que se usa para *Dios*. Aquí está lo que Dios hace: él se hace cargo de todos los detalles, de manera que cuando es el momento de que los actores e intérpretes suban al escenario, todas las cosas que necesitan para actuar en su punto óptimo han sido ya dispuestas por Alguien detrás de la escena, a quien la gente que está enfrente nunca ve. Ese Alguien es Dios.

Dios es el proveedor de la semilla que usted planta para sembrar, y algo tiene que ocurrir para que la semilla se convierta en pan. Todo lo que la gente (la audiencia, los que están alrededor nuestro, el mundo) ve es el pan, la actuación, pero Alguien trabaja detrás de la escena para coreografiar el proceso de una pequeña semilla todo a lo largo del trayecto hasta la realización completa.

Alguien le dice al sembrador cuándo sembrar.

Alguien prepara el terreno para recibir la semilla.

Alguien pone los nutrientes en el suelo para recibir la semilla.

Alguien le dice a la lluvia cuándo caer sobre el suelo que está preparado para recibir la semilla.

Alguien le dice al sembrador cuándo sacar la mala hierba del suelo.

Alguien le dice al grano cuándo es tiempo de recibir la cosecha.

Alguien muele las semillas de trigo para convertir el grano en harina.

Alguien le dice al sembrador cuánta agua agregar a la harina, cuándo poner la masa en el horno, cuánto tiempo hornearla, cuándo sacarla, y de repente... pan.

Dios ha estado trabajando detrás de la escena en cada etapa del camino, pero la gente lo mira a usted y lo único que ven es pan. Usted está vestido de pan. Conduciendo una brillante nueva hogaza de pan. Viviendo en una gran caja de pan. ¡No saben todo lo que Dios tuvo que hacer en su vida para traerle todo ese pan! ¡No saben que Dios tuvo que volver a arreglar y a pre-arreglar! ¡No saben lo que Dios tuvo que poner en su lugar y evitar y reparar y mover y persuadir y balancear y suavizar y esconder y revelar y dar vuelta y quebrar y construir y derribar y reparar! No saben a través de qué clase de obstáculos Dios tuvo que llevarlo. ¡Todo lo que saben es que usted salió del horno oliendo *bien*, en el nombre de Jesús! Dios ha estado en acción detrás de la escena todo el tiempo, dándole lo que necesita. Ha estado ahí diciendo: «De acuerdo, si siembras la semilla, te aseguro que la semilla producirá cosecha. Yo cumplo con mis pasos, y tú haz los tuyos».

Dios nos garantiza la semilla para sembrar, y nosotros tenemos que hacer dos cosas con ella: comer algo de ella y replantar o re-sembrar el resto.

Recuerde siempre: el objetivo de Dios no es meramente satisfacer *su* necesidad. Su objetivo es abundancia, de manera que usted pueda colmar con su excedente a *otros*.

¡Es maravilloso saber que orquestando detrás de la escena de nuestra parte, para ver que el proceso sea tan suave y exitoso como sea posible está Dios, creador del universo! Estoy constantemente asombrado por la profundidad del amor de Dios, y humillado al saber que él me ama. Esta es una revelación que se ha convertido en la misma inspiración y motivación de mi vida. Si usted no extrae nada más de este libro, simplemente extraiga esto: *sepa que Dios lo ama*. A él no le importa lo que usted ha hecho. No le importa dónde ha estado. Dios lo despertó esta mañana y, como mi abuela solía decir, «le tocó con un dedo de amor». Le permitió ver un día que no ha visto nunca antes y no verá nunca otra vez, y eso por una razón y solo una: ¡porque le ama! Él le conoce, y aún le ama.

Hay algunas personas que me conocen pero no me aman. Todos tienen personas en sus vidas que les conocen pero no les aman. Están también los que me aman pero no me *conocen* verdaderamente. Sin duda, usted tiene algunos de esos también. ¡Pero Dios es tan Dios que me conoce y me ama de cualquier manera! No me preocupa lo que la gente dijo de usted, no me preocupa en que estuvo involucrado, no me preocupa qué nombres le endilgaron, no me preocupa lo que usted ha hecho, no me preocupa lo que ha sido; Dios lo ama.

Me doy cuenta que esto es Espiritualidad 101 para la mayoría de los cristianos, pero aguántame por un minuto aquí. Mientras lee estas palabras, voy a pedirle que diga algo en voz alta, y le doy una seria advertencia. Cuando usted diga estas palabras, puede sentirse incómodo. Pero es una revelación de verdad que Dios quiere plantar en su espíritu. Diga esto en alta voz ahora: «Dios me ama».

Dígalo de nuevo: «Dios me ama».

Ahora dígalo de esta manera: «Dios me ama A MÍ».

Para algunas personas decir esto les provoca un nudo en el estómago que es incómodo, porque realmente no lo sienten. Piensan en todo lo que han hecho, y la declaración parece demasiado increíble. Sin embargo, la verdad permanece: Dios *le ama*. El Dios que le ama es la fuente de su vida y la fuente de las provisiones para su vida. La misma esencia de Dios es que Dios es amor (vea 1 Juan 4:8,16). Y porque él le ama, derrama bendiciones en su vida.

## Conclusión

# ¡Haz que tu dinero cuente!

*Recompensa de la humildad y del temor del Señor
son las riquezas, la honra y la vida.*

Proverbios 22:4

Algunas personas de la iglesia son las más egoístas que he encontrado. Ni siquiera escuchamos hablar mucho de las misiones hoy en día, no como lo hacíamos entre 1950 y 1980. Todo lo que se escucha en estos días es acerca de quien consiguió lo más grande de esto o lo máximo de aquello. No estoy menospreciando o denunciando las posesiones materiales. De ninguna manera. Estoy hablando de donde están nuestros *corazones*. ¿Qué orienta nuestras vidas? ¿Somos guiados por la semilla, la necesidad o la codicia?

Si va a tener un corazón que lata como Cristo, va a tener un corazón como el propio corazón de Dios. Él lo va a llevar del lugar donde desea tener sus necesidades satisfechas, a un lugar donde necesita encontrar a alguien más cuyas necesidades deben ser satisfechas. Puede ser que Dios esté tratando de ubicarle en una posición donde usted busque lugares para bendecir a la gente. A algunos de nosotros, puede ser que Dios nos haya bendecido para mandar a nuestros hijos o hijas a la universidad. Otros luchan para mandar a sus niños a la escuela. Y otros quizá han recibido becas. Si usted ha enviado a su hijo o a su hija a la universidad, puede ser que Dios desea que ayude al hijo o la hija de otro a ir a la universidad. ¿Pudiera ser? Puede ser que Dios esté tratando de llevarle a un lugar donde pueda hacer el cheque y sembrar en el reino y hacer avanzar el evangelio en forma material, tangible.

Cuando vivimos obedientemente, viviremos en el desborde de Dios. No sé de usted, pero yo deseo vivir en el desborde. ¡Deseo vivir donde el desborde que Dios me da está a *su disposición*!

Muchas personas conocen el dolor y la frustración de estar en un culto de adoración o alguna otra situación donde Dios habla a sus corazones y tienen el deseo de sembrar o ayudar a alguien, pero cuando miran en su billetera o cartera o revisan su cuenta bancaria, Dios les recuerda cómo derrocharon $300 la semana pasada. Y esto causa un gran efecto: si tuviesen esos $300 ahora, ¡podrían bendecir a alguien con eso! Ahora todo lo que pueden hacer es orar por esa necesidad. No me entienda mal; ¡las oraciones son esenciales! Son importantes para dar, son cruciales, pero Santiago una vez dijo:

> Hermanos míos, ¿de qué le sirve a uno alegar que tiene fe, si no tiene obras? ¿Acaso podrá salvarlo esa fe? Supongamos que un hermano o una hermana no tienen con qué vestirse y carecen del alimento diario, y uno de ustedes les dice: «Que les vaya bien; abríguense y coman hasta saciarse», pero no les da lo necesario para el cuerpo. ¿De qué servirá eso? (Santiago 2:14–16).

Pedro fue un pescador. Era dueño de un bote. Un día Jesús le pidió a Pedro que le diera aquel bote para predicar desde allí. Jesús lo necesitaba. Pedro se lo dio.

Cuando Jesús estuvo listo para entrar en Jerusalén por última vez en su camino al calvario, le dijo a un hombre: «Díganle: "Jesús tiene necesidad de tu burra"». Dios la necesitaba. El hombre se la dio.

¿Sabe dónde deseo estar? Deseo estar tanto como sea posible en la sobreabundancia de tal manera que cuando Dios dice: «Necesito de tus recursos para bendecir a esta persona», yo pueda bendecirle. ¡Deseo poder extender ese cheque! Deseo poder proveer su necesidad. Deseo poder apadrinarles. Deseo poder ayudarles a convertirse en lo que Dios los ha llamado a ser. Deseo vivir en la sobreabundancia y ser un ejemplo de lo que Dios puede hacer con un corazón dispuesto y un espíritu obediente.

> Dispones ante mí un banquete en presencia de mis enemigos. Has ungido con perfume mi cabeza; has llenado mi copa a rebosar (Salmo 23:5).

¿Ha pensado alguna vez lo que ocurriría si uno de sus enemigos estuviera en la fiesta cuando Dios comenzara a preparar una mesa delante suyo y que su enemigo estuviera parado cerca mientras su copa está rebosando? ¡Estoy hablando de Dios bendiciéndolo con tal sobreabundancia que usted termina bendiciendo a la gente que lo ha maldecido! ¡Bendiciendo a quienes no deseaban verle bendecido! ¡Bendiciendo a gente que trataba de frenarlo! Bendiciendo a gente que dijo que usted nunca lo haría y declaraba que nunca lograría nada. Dios desea bendecirle tanto que usted bendecirá a algunos que no deseaban verle bendecido.

¿No desea vivir en la sobreabundancia por el bien del reino? ¿No desea acercarse más íntimamente a Dios y vivir su vida en su presencia constantemente? Él es nuestro única y abundante fuente. Él nos da la semilla y nos da el pan. Y luego multiplica la semilla y sigue dándonos pan.

Pero hay pasos a lo largo del camino para hacer lo que Dios nos ha llamado a hacer tratando adecuadamente con nuestro dinero hasta que él regrese. Si usted desea escuchar: «Bien hecho, mi buen siervo y fiel», entonces esté listo para ir al grano. El grado de sus bendiciones depende en todo de su respuesta a la pregunta: «¿Comenzará a hacer que su dinero cuente a la manera de Dios?»

*Dichoso el hombre que no sigue el consejo de los malvados,*
*ni se detiene en la senda de los pecadores*
*ni cultiva la amistad de los blasfemos,*
*sino que en la ley del Señor se deleita,*
*y día y noche medita en ella.*
*Es como el árbol plantado a la orilla de un río que,*
*cuando llega su tiempo, da fruto y sus hojas jamás se marchitan.*
*¡Todo cuanto hace prospera!*

Salmo 1:1–3

# Reconocimientos

Producir un libro como este es muy parecido a poner en escena una producción teatral: nunca se podría pasar del sueño a la realidad sin la ayuda de incontables horas invertidas por una gran cantidad de personas involucradas en su realización.

Deseo expresar mi profunda gratitud a las siguientes personas por su confianza, apoyo y contribuciones a este proyecto:

A Michael McCall, mi compañero en el ministerio literario, quien tiene la habilidad única de decir lo que pienso y que siempre ve más allá de mis pensamientos. Su don de comunicación me inspira para inspirar a otros.

A Derrick Wade, mi amigo y colega, cuya perspicacia en las dimensiones del marketing y promoción de la industria del entretenimiento ha contribuido a la distribución de este proyecto.

A Marvin Jonson, mi fiel asistente, que piensa en las cosas que yo no tengo presentes (y aun cuando lo hago, ¡algunas veces me olvido!)

A Charles Brooks, que hace funcionar la iglesia mientras yo trato de pastorearla.

Al personal de Iglesia Bíblica Central Fiel, que es una extensión de mi pasión de pastorear.

A Gary Greig, Steven Lawson y el formidable personal de Regal Books por darme la bienvenida a la familia Regal y por su confianza en este proyecto.

# Acerca del autor

El Dr. Kenneth C. Ulmer ha sido pastor de Faithful Central Bible Church (inicialmente Faithful Central Missionary Baptist Church) en Inglewood, California, desde enero de 1982. Durante su ministerio, la congregación ha crecido de 350 a casi 14.000, y ahora ocupa el Gran Foro Oeste, sede previa del equipo de básquet profesional, los Lakers de Los Angeles.

El Dr. Ulmer recibió su diploma de Licenciado de Artes en Radiodifusión y Música en la Universidad de Illinois. Luego de aceptar su llamado al ministerio, el Dr. Ulmer fue ordenado en la Iglesia Bautista Misionera Mount Moriah en Los Angeles. Ha estudiado en Pepperdine University, Hebrew Union College, University of Judaism y Christ Church y Wadham College de la Universidad de Oxford en Inglaterra.. En junio de 1986, recibió un Ph.D de la Grace Graduate School of Theology, en Long Beach, California (que se convirtió en el West Coast Campus of Grace Theological Seminary). En junio de 1989, fue otorgado el grado honorario de Doctor en Divinidades por la Southern California School of Ministry, y en mayo de 1999 recibió su Doctorado de Ministerio del United Theological Seminary.

En los comienzos del 2000, el Dr. Ulmer fue consagrado como Obispo de Educación Cristiana de la asociación Full Gospel Baptist Church Fellowship, donde participa en el concilio de obispos. Ha servido en la Junta Directiva de Gospel Music Workshop de América, el Consejo de Pastores Asesores de la ciudad de Inglewood y como miembro del directorio de Southern California School of Ministry.

Al principio del año 2000, el Dr. Ulmer fue instalado como Obispo Presidente de la Macedonia International Bible Fellowship, con iglesias que representan a los países de Zimbabwe, Namibia, Angola, República del Congo, Sudáfrica y los Estados Unidos.

El Dr. Ulmer ha servido como miembro del Consejo de Política de Prevención de la Violencia del Fiscal General de California y como miembro de la

Junta Directiva del Comité de Reconstrucción de Los Angeles (RLA). Participó en el estudio de Liturgia Ecuménica y Adoración en el Magdalene College de la Universidad de Oxford en Inglaterra, ha servido como instructor en Ministerio Pastoral y Homilética en Grace Theological Seminary en Pasadera, como instructor de predicación afro-americana en Fuller Theological Seminary en Pasadena, como profesor adjunto en Biola University (donde sirvió en la junta del directorio), y como profesor adjunto en Pepperdine University. En la actualidad es profesor adjunto en The King´s College and Seminary en Los Angeles (donde es también miembro del comité fundador).

El Dr. Ulmer es un escritor talentoso y ha publicado tres libros previos: *A New Thing* [Una cosa nueva] (una reflexión sobre el Movimiento Bautista del Evangelio Completo), *Spiritually Fit to Run the Race* [Espiritualmente apto para correr la carrera] (una guía para una vida de devoción) y *In His Image: An Intimate Reflection of God* [A su imagen: Una reflexión íntima de Dios] (una actualización de su libro, *The anatomy of God* [La anatomía de Dios].

El Dr. Ulmer y su esposa, residentes de Los Angeles, California, han estado casados por treinta años y tienen tres hijas, un hijo y cinco nietos.